JN439632

어머님의 창窓과
시詩 속에 잠재운
아내와 나의 시골농장

■ **문종환文宗煥**

1938년 1월 31일생
경기도 양평군 옥천면 신복리 24번지 출생
현주소 : 서울 노원구 상계로 108(상계동)
1958년 3월　휘문중고등학교 졸업
1964년 3월　연세대 상경대학 상학과 졸업
1964년 3월　삼호무역주식회사 입사
1967년　동진공업사 대표
1975년　선일무역주식회사 대표이사
2010년　효봉무역주식회사 대표이사 역임

현) 한국문인협회, 국제펜클럽한국본부 회원
계간문예작가회 이사, 한맥문학작가회 이사, 노원문인협회 고문

■ **저서著書**

제1시집 『인생의 주름에 접혀진 꽃잎들』(시 318편)
제2시집 『지족知足』(시 339편)
제3시집 『어머님의 창窓과 시詩 속에 잠재운 아내와 나의 시골농장』
(시 335편)
수필집 『인연이 꽃피는 나무들』(수필 42편)
족보 『남평문씨 헌납공파 휘응태계 세보(南平文氏 獻納公派 諱應台系 世譜)』

■ **표지삽화** : 스카이미술학원 원장 문희준

계간문예시인선 120

어머님의 창窓과 시詩 속에 잠재운 아내와 나의 시골농장

문종환 제3시집

계간문예

작가의 말

지난 2006년 첫 시집 ≪인생의 주름에 접혀진 꽃잎들-318편 수록≫을 발간한 후 금년 2017년까지 10년 동안 써 모은 시詩들을 2권에 나누어 엮은 제2, 3시집과 수필집 1권해서 3권을 한꺼번에 출간하게 되었다.

고교시절 좋아했던 시를 환갑 나이 되어 다시 만나 시작한 시와의 뜨거운 애증행각愛憎行脚의 삶이 나로 하여금 3권의시집과 1권의 수필집을 마련케 해준 것이다.

시와의 20년 세월은 너무나 빨리 흘러갔다. 사업에 몰두하던 40년 세월은 무척이나 힘들고 길었는데 시와의 삶은 어찌 그리 빠르게 흘러갔는지 모르겠다. 시와의 삶이 그만큼 행복했기 때문에 세월 가는 것도 몰랐나보다.

이 시집 제1편 1부 〈어머님의 창窓〉에서는 어머님을 그리워하며 어머님의 시를 썼다. 왜정시대, 8·15해방, 6·25전쟁 등 다사다난多事多難했던 국난國難의 소용돌이 속에서도 자식들 목숨 이어주시고 키워주신 어머니, 특히나 내 나이 13살 때 어머님과 함께 겪은 그 6·25전쟁이 얼마나 참혹했는지 다시금 몸서리쳐지며 다시는 이 나라에 그런 전쟁 없기를 기원하는 마음으로 그리운 어머님을 회상回想하며 어머님의 시를 쓰게 된 것이다.

그때 그 어렸던 자식들 오늘도 다복多福하게 다들 잘 지내

고 있고 우리 내외 또한 시와 함께 행복의 샘터인 시골농장을 오가며 행복한 노후老後를 지내고 있다

환갑 나이 이전까지의 섬유수출 외길 40년과는 전연 다른, 새로운 시詩와 함께 자연인自然人과 자유인自由人의 삶을 즐기고 있으며, 내 자그마한 농장은 우리 두 내외의 가장 소중한 행복 샘터이다. 하지만 이렇듯 행복에 겨운 가운데 어느새 20년 가까운 세월이 흐르고 보니 나이도 그만큼 늘어 농사일하기가 버거워간다. 내년에도 금년처럼 농장을 오가며 일할 수 있을까 하고 지레 걱정이 되고는 한다. 그래서 작심作心하기를 금년 한 해만이라도 아내와 나의 농장에서의 삶의 현장을 시詩 속에 잠재워 나의 제3시집 2편에 넣어두기로 했다. 그리하였다가 언제고 농장에 가지 못 하게 될 때는 새장 속의 새를 들여다보듯 이 시집을 펼쳐보며 아쉬움을 달래 보고자 한 것이다.

이 모든 크신 은혜 내려주신 우리 어머님과 아버님 영전에 이 시집을 올려드린다.

2017년 7월
노원 상계로 108 우거寓居에서
문 종 환

| 서시序詩 |

그리움

세월과 그리움은
정반대 방향으로
줄달음치는가 봐요

어머님 가신 해는
저리도 멀리
흘러갔건만

어머님에 대한 그리움은
해가 갈수록 점점 더
가까워지니까요

| 목차 |

2부 울엄마떡

3부 회상

제2편 시詩 속에 잠재운 아내와 나의 시골농장

1부 농장의 봄

2부 농장의 여름

3부 농장의 가을

제1편

어머님의 창窓

1부

어머님의 창窓

어머님의 창窓

어머니
어머니 가신 후 이 아들의 서재를
어머니의 방으로 옮겼습니다

어머니 살아계실 적
동쪽창밖 불암산 너머 고향하늘 내다보시며
먼저 가신 아버지 그리워하신 것처럼

이 아들도
이제는 아버지와 함께 계시는 어머니 그리워
고향하늘 내다보며 어머니를 향한 시를 씁니다

어머니 가신 지 어느새 14년이 흘러갔건만
어머니의 방에는 항상 어머니가 계십니다
지난날 어머니의 품안처럼 포근합니다

지난날
어머니가 걸어놓으신 아버지와의 사진 속에는
자식들이며 손주들 함박웃음 아직도 그대로입니다

어머니
이아침 불암산 산마루 너머 붉은 해가 솟아오릅니다
어머니도 아버지와 잠에서 깨어나셨겠지요

어쩌면 고향도 지척이니 벌써
봉분 뒤 산등성이 따라 농다치고개 넘어 고향마을
옛이야기 나누시며 다녀오셨겠어요

농다치고개(1)

어머니 18살 되시던 해
농다치고개 넘어 아버지께
가마 타고 시집오실 때

험한 고개 길에 농 다칠라
뒤따라오는 농 내다보시며
걱정도 많으셨겠지만

두고 온 홀아비와 동생 생각에다
3살 때 돌아가신 엄마 생각 눈물에
연지곤지 다 지워졌겠어요

징병에 끌려가지 않으시려고

어머니
참 일찍도 결혼하셨어요
아버지는 16살 어머니는 18살

나중에야 알게 되셨다지요
일본군 징병에 끌려가지 않으시려고
일찍 결혼하셨다는 걸

마침 윗집 기종이 할아버지가
어머니 친정아버지와 친구지간이라
두 분 인연 맺어주셨다는 걸

하지만 어머니
얼마나 시집살이 고생하셨나요
그 대가족 집으로 시집오셔서

위로는 시할아버지 시할머니
그 아래로는 혼자되신 시아버지
그 아래로는 어린 삼촌들과 고모들

농기계 발달된 요즘도 어려운데
그 대가족 속에서 자식들 넷이랑
어찌 밭농사까지 거들며 견디셨어요

농다치고개(2)

어머니 28살 되시던 한겨울
아버지 직장 따라 농다치고개 넘어
멀고먼 청진으로 떠나실 때

어린자식들 넷이나 데리시고
층층시하 10년 시집살이 벗어나
홀가분하기도 하셨겠지만

잘 가라고 손 흔들어주시는
고향집 대가족들과 작별하실 때는
눈물깨나 흘리셨겠어요

징용에 끌려가지 않으시려고

10년 동안 그 대가족 속에서
백모님과 어머님 참고 견디시어
이제 깊은 정들만했을 텐데

왜 우리 가족
정든 고향 떠났을까 궁금했는데
나중에야 알게 되었지요

패망 직전에 다다른 일본
이젠 결혼한 남자도 전쟁터로
끌고 가기 때문이란 걸

다만 공장에 다니면 괜찮다 해서
용케도 취직한 아버지 따라
낯선 그 청진으로 떠나게 된 사연을

처음 타보는 기차

6살 된 그때 이 아들
지금도 눈에 선합니다
청진으로 달리던 그 기차 속이

아버지와 어머니는
누이동생 둘 무릎에 안고
좌석에 앉아계시고

누나와 이 아들은
처음 타보는 기차가 신기해
달리는 차창 밖을 내다보았지요

전봇대가 휙휙 지나가고
산들이 뒤로뒤로 도망들치고
정거장 근처에는 자동차들도 보였어요

모두가 신기했어요
첩첩산골 고향에서 본 거라고는
높은 하늘 비행기 구름뿐이었으니까요

입학한 그 초등학교

어머니
누나와 함께 다니던
그 초등학교가 생각납니다

누나랑 함께 다니니
첩첩산골 고향집에서처럼
놀아줄 누나 기다릴 필요 없게 되었지요

아침이면 집 앞에 모인 학생대열에 끼어
하나둘 구령에 발맞추어
가까운 학교를 향해 걸어갔어요

8살 된 그때 그 아이
왜정시대인지 나라 잃었는지도 모르고
반년동안 일본말 배웠지요

입학한 해 봄부터 여름방학 중 8·15해방으로
다시는 못 보게 된 그 학교가
지금도 이따금 생각납니다

청진 바닷가

아버지 아침저녁 출퇴근하시는
집 앞 다리건너 공장굴뚝에서는
시커먼 연기 밤낮으로 뿜어 오르고

노시는 날에는 아버지 따라 식구들
뚝방길 걸어 바닷가에 이르러
드넓은 수평선 갈매기들도 쳐다보며

어린 자식들은 모래밭에서 뛰놀고
어머니와 아버지는 미역 따시면서
오랜만에 행복하셨지요

하지만 착하기만 하신 어머니
중풍으로 수발 드시던 시할머니
어찌 지내시나 걱정도 많으셨지요

방공호에서

집밖에서
아이들과 놀다 들어오니
누나와 두 동생 점심을 들고 있었어요

어머니가 안계셨어요
시장에 가셨다기에 밥도 안 먹고
엄마 찾아 시장으로 뛰어갔지요

뛰어가던 이 아들
요란한 공습경보소리에
행인들에 휩쓸려 방공호로 들었어요

8살 된 이 아들
겁먹은 행인들 수군거리던 말
아직도 생생합니다

소련군이 공습을 시작했다고
청진 시내 다 불바다 된다고
죽인 사람 시계 다 뺏어 팔뚝에 찬다고

나이 어린 그 아이
얼마나 놀랐겠어요
지금도 그 방공호 생각하면 소름끼칩니다

아버지 친구집 과수원에서

청진 어느 다리 건너
나남이라는 곳 아버지 친구 집에서
아버지 기다리고 있었지요

지금도 생각납니다
누나랑 그 집 뒤로 가보니
사과나무 밭이라 한 개씩 따먹은 생각이

한밤중에야 아버지
다른 친구 두 분과 오시어 말씀하셨지요
내일 일찍 고향으로 내려가야 한다고

청진 시내 공습 끝나면
집으로 다시 돌아갈 줄 아셨던 어머니
얼마나 놀라셨겠어요

가재도구 다두고 갖고 나온 거라고는
몇 끼 채울 곡식과 이부자리뿐인데
얼마나 눈앞이 캄캄 하셨겠어요

아버지는 또 얼마나 사태가 심각했기에
그간 자리잡아가던 직장까지 버리고
고향으로 갈 굳은 결심 하셨겠어요

이산가족 될 뻔했던 아버지

나중에야 알게 되였지요
아버지도 저처럼
이산가족 되실 뻔 했다는 걸

나남 기차역에서 우리 식구와
고향이 남쪽이라는 아버지 친구 두 분과
남쪽으로 가는 기차를 기다리고 있을 때

웬 사람들 서 너 명 몰려오더니
남자어른들은 못가고 식구들만 다녀오라고
아버지와 두 친구 끌고 가려 했을 때

누나가 울기 시작했고 뒤따라
어머니와 자식들 모두 아버지 붙잡고 우니
그중 한 사람 큰 호박 누나에게 주며 달래자

11살 먹은 누나
그 큰 호박 내 던져 깨트리며 더 울어대자
결국 두 친구만 데리고 갔다는 걸

누나에게 그 말 들은 어머니
그때 아버지 친구 두 분은 결국
이산가족 되었을 생각에 가슴 아파했습니다

그때 그 길에서

공습경보 해제 소리 듣고서야
또 방공호 속 사람들 등 밀려
밖으로 나와 시장으로 달렸어요

그러나 놀랍게도
시장은 텅 비어있었고
어머니도 찾을 수 없었지요

집으로 또 달렸어요
집으로 달리는 길에는
피난민들로 가득했어요

그 피난민들 중
피난 보따리 이고 진 어머니와
누나동생들 만났지요

아 어머니
그때 식구들 못 만났더라면
어쩔 뻔했어요 이산가족 되었을 테니

8 · 15해방의 날

아무래도 사태가 심상치 않다 하시며
서울 외가로 가서 한두 달 머물다
다시 돌아와야겠다는 아버지 결심 따라

자식들과 남행열차 화물칸에 타신 어머니
달리는 기차 밖으로 보셨지요
집집마다 마당으로 뛰쳐나오는 백성들을

정거장을 더해갈수록 오후로 더해갈수록
태극기 물결 만세함성 더더욱
온 마을 온 들판 뒤덮었어요

어느 정거장에서는
찐 감자며 찐 옥수수 물통도 올려주며
눈물 흘리며 만세 부르는 노인도 보셨지요

어머니도 기쁘셨겠어요
고향집 뒷산 숨겨둔 쌀보리 다 빼앗기고
주재소 끌려가 매 맞으신 시아주버니 생각에

종로6가집

어머니 얼마나 기쁘셨겠어요
비록 자그마한 집이지만
새로운 보금자리 또 마련하셨으니

서너 달이나 어머니 친정집에
자식들과 얹혀 사시느라 맘고생 하시다가
아버지께서 어렵사리 집장만 하셨으니

그제야 잊으셨지요 2년 살다 온
그나마 정들었던 청진 집과
꿈에도 아까워하시던 가재도구들을

이 자그마한 집이 아버지와 어머니를
할아버지 할머니로 만들어드리고
행복의 터전 닦아줄 줄 모르셨지요

외할아버지와 토끼

어머니
초등학교 4학년 때
누나와 기르던 토끼 한 마리 생각나네요

어느 날 학교에서 돌아오니
마당 한편 빨랫줄에
토끼가죽 걸려있었지요

외할아버지 모처럼 오셨는데
차려드릴게 없어서
잡아드렸다는 어머님 말씀 듣고

어머니
이 아들 죽은 토끼 불쌍해서
엉엉 울고 또 울었어요

나중에야 어머니 마음 알 수 있었지요
홀로되신 아버지 너무 안쓰러워
그리하셨다는 걸

꼬마 마라톤 선수들

8 · 15해방의 날을
두 눈으로 똑똑히 본 그 골목 꼬마들은
모두가 애국자들이었지요

손기정선수가 왜놈 국기 달고 우승한 걸
선생님들한테 배워 알고는
다들 분개했고

서윤복 선수 우승에 이어 3년 후 또
함기용 송윤길 최윤칠 선수들
1,2,3위 휩쓸었을 때는

모든 꼬마애국자들은
학교에서 골목에서 만세 부르고
시간만 있으면 마라톤 뛰며 달렸고

낙산중턱부터 화신백화점까지 종로거리에는
전차며 인력거며 마차며 소달구지도
함께 달렸어요

어머니 그 골목길은
꼬마마라톤 애국자들을 길러준
텃밭이었어요

6 · 25전쟁

어머니
13살 되던 이 아들이 겪은 6 · 25전쟁은
지금도 생각하면 가슴이 아파옵니다

전쟁이 일어난 며칠 후 피난길에서
누이동생 저 세상으로 보냈고
남은 식구들 친척집에 뿔뿔이 흩어졌지요

1.4후퇴 때는 이모 댁으로 피난 가서
느닷없는 공습으로 불바다 된 읍내에서
우리 가족 가까스로 목숨 건졌지요

외할머니 댁으로 피난해서는 어머니
철둑 밑 배수구에서 젖먹이 안고 계시다가
날아오는 포탄파편에 맞아 피 흘리셨지요

중공군 춘계공세 때는 지레 겁먹고
한강 건너 천안으로 피난 가서는
구두닦이 좌판행상으로 풀죽 연명 했지요

어머니! 아버지 안 계신 그 전쟁 와중에서도
어린자식들 목숨 이어주신 어머니 생각하면
지금도 눈물이 앞을 가립니다

인민재판

6 · 25전쟁 일어난 다음날 아침
아무것도 모르는 13살 아이
가방 들고 학교로 갔지요

놀랍게도 학교문은 닫쳐있었고
수위아저씨 전쟁 일어났다고
어서들 집으로 돌아가라 말해주었어요

전쟁이 뭔지도 모르는 아이
책가방 집에 두고 동네 아이들과
뛰노는 건 마찬가지였어요

아이들과 몰려간 곳은
동네 큰 마을회관이었는데
나중에야 알았지만 인민재판중이었어요

몇 사람 의자에 앉아
무릎 꿇은 사람들에게 뭔가 물어보고 나서
모여든 군중들에게 또 물어보니

몇 사람 사형이요! 소리치니
그 자리에서 즉결처형장으로 끌려가는
여러 번에 걸친 그 인민재판

얼마나 무서웠겠어요
그제야 놀란 아이들
엄마 부르며 제집으로 도망들쳤지요

동네골목길

어머니
지금도 눈감으면
어린 시절 그 골목 길 떠올라요

지금도
눈앞에선
그 아이들 뛰놀고 있어요

여자 아이들은 술래잡기 하고요
남자 아이들은 자치기도 하고
딱지치기도 하지요

어느 부모님도
밥 먹고 놀아라하고 부르셨지
공부하라 불러들인 분 안계셨어요

어머니
저에게는 그 조그마한 골목길이
유일한 어린 시절 놀이터였지요

경찰관이셨던 아버지

아버지는 경찰관이셨지요
마침 복막염으로 병가중이시던 아버지
전쟁소식에 놀라 경찰서 근처로 가시어

경찰서 정문 앞에 총에 맞아 쓰러져있는
동료경찰관 두 명 먼발치에서 보시고
집으로 돌아와 안절부절 못 하실 때

이웃집 아저씨 오시여
빨리 어디 가서 숨으라고
경찰관가족도 다 죽인다고

또 골목길 건너 이 아들 친구 어머니도
자기 큰아들이 빨갱인데 잡으려하니
빨리들 피신하라는 말씀도 해주시어

어머니 결국 우리 식구
부랴부랴 피난길에 올랐지요
고향밖에 아는 곳 없어 고향 쪽으로 떠났지요

저 세상으로 보낸 누이동생

젖먹이 등에 업으시고
어린자식들 넷 걸리시고
백 여리 고향 피난길 얼마나 힘드셨어요

결국 가는 도중 외할머니 댁에서
하룻밤 묵고 가기로 했지요
아! 그러나 어찌 알았겠어요

다음날 이른 새벽
일찍 먼저 큰댁으로 떠나온 누나와
너무나 슬픈 동생 소식 듣게 될 줄을

막내 누이동생
혼자 방안에 숨어계신 아버지 물 떠다드리려다
두레박에 힘겨워 우물에 빠져 저 세상 갔다는

동생아! 불쌍한 동생아!
큰댁 부엌에서 누나는 엎드려 울고
나는 누나 붙들고 엉엉 울기를 그칠 줄 몰랐어요

어머니
누나와 나는 떨어져 소식만 듣고도 그리 슬펐는데
직접 당하신 두 분 부모님께서는 어쩌셨겠어요

아버지의 필사 탈출

막내딸 잃으신 아픈 슬픔 겪으신 아버지
그래도 남은 식구들 위해 살아야겠다는
오직 그 하나의 일념으로

식구들은 나중에 오라하시고 혼자서
형님 댁으로 가는 험한 숲 길목 지나다
검문하는 빨갱이들에게 걸리셨지요

평소 안면이 있는 그들이 붙잡으려 덤비자
아버지는 단련된 유도로 넘겨 치고
숲속으로 도망치셨지요

험한 산속 풀섶 헤쳐 가며 이번에는
어머니 친정 사촌오빠 집을 찾아가
도와 달라 하셨지요

하지만 어찌 알았겠어요
그분이 읍내 공산주의자들 중
우두머리였다는 걸

그분 말씀하시기를 걱정 말라고
내일 읍내로 같이 가서 자수하면
아무 일 없을 거라고

그 말 들으신 아버지 속으로는 무척 놀랐지만
그러자하고 잠드신척하다가 한밤중 그 험한
농다치고개 넘어 당숙 댁으로 도망치셨지요

당숙할아버지

5대 조님으로부터 이어오던 친척들
농다치고개 너머 다들 떠나 살고 있지만
고향 지키고 계시던 당숙할아버지

북괴군 기습남침에
본대에 합류 못하신 아버지
중미산 다래넝쿨 속 바위굴에 숨겨주시고

따라온 13살 이 아들에게
나무꾼인 양 지개 지고 검둥이도 앞세우고
험한 산길 음식 날라드리게 해주셨지요

농다치고개 너머 백부님과 외삼촌 찾아 오시어
동생매부 만나게 해달라고 졸라대셔도
모른다고 매정하게 되돌려 보내주셨어요

그때 만일
경찰관 아버지 숨겨 주신 게 발각이라도 되면
당숙할아버지 식구들도 처형 된다는 걸 아시면서도

어머니
지금도 생각하면 당숙할아버지께서는
우리 식구 모두 살려주신 은인이셨지요

박달나무 긴 창

어머니
중미산 중턱에 혼자 숨어계실 때
아버지 얼마나 무서우셨겠어요

깊은 산골짜기
다래넝쿨 속 바위굴에 혼자 숨어계시며
북괴군에게 들킬까 얼마나 겁나셨겠어요

그래서 아버지는 늘
박달나무로 만든 긴 창을 갖고 계셨어요
주무실 때도 손에 꼭 잡고 계신다했어요

이 아들도 아버지 만나러 산에 오를 때면
꼭 검둥이를 앞세우고 시퍼런 낫도 들고
혹시나 누가 보나 사방을 살펴보곤 했지요

하지만 그래도 그 나이에 용감했던 건
산속에 아버지가 계셨기 때문이었지만
검둥이 힘도 컸어요

검둥이는
앞서거니 뒤서거니 무성한 풀들도 헤쳐주며
뱀이나 담비 떼들 보면 짖어주었어요

아버지도 검둥이 짖는 소리 들으시면
이 아들 오고 있다는 걸 알아차리시고
박달나무 긴 창 들고 밖을 살피셨어요

메밀꽃

아버지 숨어 내려다보시는
중미산 맞은편 산자락 비탈 밭에
어머니는 메밀을 심으셨지요

젖먹이동생은 저에게 돌보라 맡기시고
호미로 잡풀들 뽑아 오르시면서
온갖 시름 삼켜가며 희망을 심으셨지요

유달리 겁도 많으신 어머니
인적 없는 산속에서 메밀을 심으신 건
아버지가 내려다보실 줄 아셨기 때문이지요

지금도 어렴풋이 생각납니다
메밀꽃 하얗게 산비탈 덮었을 때
환하게 웃으시던 어머니의 얼굴이

어머니 누가 알았겠어요
그 메밀이 나중 1.4후퇴 피난 때
우리 식구 끼니에 보탬 주게 될 줄을

검둥이

어머니
저에게는 말 한마디 나눌 친구도 없었어요
친구란 말 못하는 검둥이밖엔 없었어요

당숙할아버지 막내딸도 겨우 걷기 시작했고
아저씨 아들은 제가 업어주는 울보였고
마을집이라야 4집 아이들 모두 어렸어요

농다치고개 너머 외가에 계시는 어머니와 동생
멀리 큰댁에 가 있는 누나는 만날 수 없었지만
뒷산 중미산 계곡 아버지는 만날 수 있었지요

검둥이는 어디든 따라다녔지요
지게 지고 나무꾼인양 아버지 음식 나를 때도
소 풀 먹이려 소 끌고 개울가로 갈 때도

어머니와 누나동생 보고 싶어
농다치고개 쳐다보며 엄마하고 부르면
검둥이도 따라 슬픈 눈빛으로 멍멍 울어주었어요

인민군과 밤송이

중미산 아버지에게
말린 담배 잎 갖다드리고
땔감나무 조금 지게에 지고 내려오는데

윗집 길목 세 그루 밤나무 밑에서
작대기로 밤송이 따고 있는
인민군 세 명

깜짝 놀라
모른 척 지나가려다
그들한테 다가간 이 아들

밤송이 하나 따 달라 졸라
한 송이 얻어들고
집 쪽으로 내려오면서

큰일 날뻔했구나
꼭꼭 숨어 계실 중미산 아버지 생각에
가슴 쓸어내리는데

어머니
앞서가던 검둥이도 안심되는지
그제야 멍멍 짖어주었지요

당숙할아버지와 포 소리

어머니 지금도 눈에 선합니다
마당 한 곁 큰 바위에 기대어 서계시며
걱정하시던 당숙할아버지의 모습이

나이 어린 저에게 물으셨어요
쿵!쿵! 점점 커져오는 저 소리
어디쯤에서 쏘는 대포소리냐고요

얼마나 답답하시면
아무것도 모르는 저에게
물으셨겠어요

하기야
아버지 숨겨주시는 것만 해도 벅차신데
당숙할아버지 형님 댁 식구도 몰려왔으니

한시라도 빨리 우리 국군들
저 북괴군 몰아내어 다른 군식구들
다 저들 집으로 가길 왜 안 바라셨겠어요

어머니 나중에야 알게 되었지요
물어보시던 그 대포소리가
인천상륙작전 함포사격소리였다는 걸

아버지와 교장선생님

아버지 고향뒷산 중미산중턱
다래 넝쿨 속 바위굴에 숨어
멀리서 들려오는 포 소리 듣고 계실 때

느닷없이 웬 사람 혼자
계곡 가까이 다가서고 있더래요
아버지 재빨리 박달나무 긴 창 잡으셨지요

가만히 다래 잎들 사이로 지켜보니
낯익은 초등학교 교장선생님이셨대요
아버지 한문수학하시다 입학하신 그 학교

그래서 알게 되셨대요
낙동강까지 밀려갔던 우리 국군 다시
유엔군과 함께 반격 곧 이곳도 수복된다고

퇴각하는 저들이 반동분자라 여기는 사람들
다 잡아간다는 소문 듣고 걱정 되어
이곳 깊은 산 속으로 숨어드셨다는 걸

아버지 얼마나 기쁘셨겠어요
그 길로 육촌동생에게 은밀히 알려주고
국군 들어 올 때 환영할 태극기 만드셨대요

당제마을 집합

그날 아침 느닷없이 팔뚝에
붉은 완장 두른 당제마을 반장 찾아와
마을사람들 모두 당제로 모이라했어요

마을이라고 해야
농다치고개 쪽 당제마을 집 열 두 채
당숙댁 아랫마을 여섯 채

이 자그마한 고향마을은
당제마을 젊은이들 저들 세상 만난 듯
날뛰고 있었어요

가뜩이나 포 소리는 가까워 오고 겁은 나지만
안가면 반동분자 낙인 찍힐까
식구들 올라갔어요

하지만 할아버지는 보이지 않으셨어요
아저씨도 이웃집아저씨들도 보이지 않으셨어요
다만 할머니와 아주머니 아이들만 올라갔어요

점심때가 지나도록 반장이 나타나지 않았어요
아이들 모두 배고프다 칭얼대니 허기 채우고
다시 오기로 하고 집으로 내려왔어요

나중에야 알게 되었지요
빨갱이로 설쳐대던 그 반장
우리 군 읍내까지 탈환한 걸 알고 도망쳤다는 걸

이불을 뒤집어쓰고

늦은 점심 들고 내키지는 않지만
또 식구들 당제마을로 올라가려할 그때
탕!탕! 하는 총소리 들리기 시작 했어요

당숙할아버지 식구들 모두 안방구석에서
이불로 머리까지 뒤집어쓰고
숨도 못 쉬고 있었고

이 아들도 뒷방구석에서 혼자 무서워하며
뒷산에 숨어계신 아버지 걱정하면서
뿔뿔이 흩어져 있는 식구들도 걱정 했어요

요란한 총소리 멈추고 난 후
아버지와 아저씨 집안으로 들어 오셨지요
이젠 안심들 하라고 말씀해주셨지요

우리 국군과 유엔군이
북괴군 다 물리치고 있다고
이젠 우리 식구 서울 집으로 갈 수 있다고

나중에야 알게 되었지요
아버지와 아저씨 이웃 아저씨들 한밤중
농다치고개 넘어가 민병대 불러오셨다는 걸

하도 첩첩산골이라 국군들 그냥 지나칠까봐
미리 가서 민병대라도 불러 오시어
우리 고향 사람들 구해 주셨다는 걸

추워 추워 하면서

아버지 중미산에서 내려오시어
엄마가 곧 데리러 오실거야 하시며
서울로 가셨는데

왜 안 오실까
왜 안 오실까
무척이나 기다렸어요

새벽부터 범바위 밤나무 숲에서
누나동생들 주려 알밤 주우며
농다치고개 올려다보며

엄마엄마 소리쳐 부르면
검둥이도 농다치고개 향해
멍 멍 짖어주었어요

피난 올 때 입고 온 여름옷
추워 추워 하면서
언제 오시나 기다렸어요

어머니
산속에 아버지 계실 때는 몰랐는데
왜 그리 추웠을까요

피의 보복

유엔군과 합세한 우리 국군
물밀 듯 북진을 거듭하고 있을 때 어머니는
이 아들 데리러 농다치고개 넘어오셨지요

어머니와 저는 목격했지요
저를 데리고 어머니 친정 마을 지날 때
사람들 묶어놓고 장작 패 듯 내려치는 광경을

며칠간 머물던 큰댁 문 밖에서도
꽁꽁 묶인 무리들 골목골목 끌고 다니며
앙갚음하는 사람들을

사촌형과 들판에서 놀다 보고 놀랐지요
개울가로 끌려가면서 살려 달라 애걸하더니
총 한방에 숨 거두던 어느 젊은이

또 면소 옆 구치소에서는
어머니의 그 사촌오빠도 보았지요
아버지에게 자수하라 권하던 그분을

어머니
어린 마음에도 한없이 슬펐습니다
인민재판에서와 똑같은 피의 보복을 보고요

밥 한 바가지

어머니
지금도 그때 그 뱃길 생각하면
그때 그 우리 다섯 식구 불쌍해 눈물납니다

우리 다섯 식구 얹혀산다는 거
달가워할 친척 어디 있겠어요
결국 큰댁에서도 나와야 했지요

또 찾아간 곳은 읍내 당숙댁이었지만
밥 한 바가지에다 배값 주고 배에 태워
서울 우리 집으로 쫓겨나듯 했지요

돈이라고는 한 푼도 없으셨던 어머니
집으로 가게해주신 것만도 고마워하시며
남한강변에서 강나루 나루터까지 1박2일의 뱃길

그 뱃길 얼마나 힘드셨어요
밥 한 바가지 자식들 입에 넣어주시며
배라고는 처음 타보는 자식들 배 멀미 달래시며

지금도 그 뱃길생각하면 어질어질 어지러워지고
그때 그 우리 다섯 식구 불쌍해 눈물납니다

큰삼촌 납북되셨다는 슬픈 소식

단 몇 개월이
몇 십 년이나 되는 듯 느껴지는
길고긴 피난길에서 집으로 돌아오니

기다리고 있던
또 다른 크나큰 슬픈 소식
다락방에 숨어계시던 큰삼촌의 납북소식

우리 집안에서 대학 다닌 유일한 큰삼촌
단 이틀만 참고 숨어계셨더라면
9.28수복 날이었는데

어쩌다 집 밖을 나가시다
막다른 골목에서
붙들려가셨나

지금도 생각납니다
삼촌 숨어계시던 다락방에서 본
삼촌이 써놓으셨던 시詩들을

나중에 들은 소문으로는
미아리고개 넘어 끌려가시던 여러분들과 함께
무자비하게 사살되셨다고

1 · 4후퇴

평양까지 점령하고
두만강까지 밀고 올라간다 하더니
이게 또 웬 날벼락인가요

중공군 밀고 내려와 또 피난이라니요
아버지는 아직도 소식 없으시고
피난 갔다 돌아 온 지 보름도 안 되는데

어머니
얼마나 놀라셨어요
눈앞이 캄캄 하셨겠어요

당황하신 어머니
이제는 시댁 친척 또 찾을 면목 없어
친정 동생 살고 있는 양평읍으로 갔지요

걸어서 백 여리 길
젖먹이 등에 업고 어린자식들 걸리시고
온종일 쉬다가다 얼마나 고생들 했나요

하지만 이모 집은 피난 떠나 텅 빈집
그래도 그곳에서 어머니의 반가운 분
백발의 고모님 만나 위안 되셨지요

까마귀 떼

어머니
그 까마귀 떼들이
우리 식구 살려주었어요

붉게 노을 진 저녁하늘 뒤덮고
까옥까옥 울어대던 그 까마귀 떼 보신 할머니
내일 새벽 일찍 밥해먹고 국수리로 떠나자 하셨지요

서울서 백 여리 멀고 먼 길 이모 집 찾아왔는데
단 하루 밤 쉬고 또 외할머니 집으로 가야한다니
까마귀 저리 우니 불길하다 떠나야한다니

하지만 할머니 말씀 딱 맞았지요
까마귀 떼들 미리 재앙을 알려 주었지요
새벽 일찍 다들 집을 나서 읍내 한복판에 왔을 때

따따따! 쾅! 쾅!
엊저녁 까마귀 떼들처럼 쌕쌕이들 하늘 가득 몰려와
읍내 전체를 불바다 만들기 시작했지요

어머니
우리 식구들 죽어라 뛰어 외각으로 나와 살아났지만
어쩔 뻔 했나요 만일 집안에서 잠들어 있었더라면

당숙할아버지의 역정

처음이셨어요
당숙할아버지께서 저에게
그렇게 역정 내시는 건

네 아범이 그리도 잘났냐
저 혼자 숨어있다 갈 것이지
왜 남들까지 위험에 빠트리냐

할아버지 역정 듣고 있던 그때는
영문도 모르고 훌쩍이며 서 있었지만
나중에야 알게 되었어요

할아버지 아들과 이웃 젊은이 3명까지
아버지 굴에서 태극기 만드는 걸 알고
걸리면 어쩌나 걱정 때문이셨다는 걸

중공군

국수리 외할머니 마을에
중공군과 인민군들 나타나
다들 모이라했지요

우리 식구들 잔뜩 겁이나 숨을까 하다가
결국 나가 처음 보게 된 말 탄 중공군들
막대 어깨걸이 짐 옮기는 졸병들 신기 했어요

중공군 대장 앞에 나서더니
겁먹고 움츠리고 있는 마을사람들 보고
아무도 헤치지 않으니 걱정말라 했지요

어느 중공군 졸병 하나
방에 들어와 백발의 할머니를 보고는
자기 할머니 생각난다고 누룽지도 주고 갔어요

어머니
그처럼 무섭던 그들도 우리와 다름없구나하고
어린 나이에도 그제야 마음 놓았어요

두 겹의 담요를 뚫고

어머니
외할머니 집 앞 가로지른 철둑 밑 배수로들이
피난 못 간 사람들의 방공호였지요

그 좁은 배수로 속에서 두 겹의 담요를 두르고
포탄들이 소리 지르며 날아와 터지는 눈 쌓인 밖을
겁에 질려 내다보고 있었어요

한 중공군이 파편에 맞은 팔뚝을 움켜잡고
포탄이 떨어져 불타는 자리로 뛰어가다
미루나무에 기대어 쉬고 있는 걸 보고 있을 바로그때

아! 어머니
바로 그 순간 파편하나 어머니의 머리를 때렸지요
두 겹의 담요를 뚫어 얼굴 피범벅 되었지요

머리에서 계속 흘러내리는 피에 놀란 누나
이미 지붕까지 불타고 있는 외할머니 집으로 뛰어가
쑥 한 타래 가져와 지혈시켜드렸지만

어머니
그 때 그 담요 하도 고마워 오래도록 보관하고 계셨지만
그 담요 없었더라면 어쩔 뻔 했어요

주검의 행렬

어머니
지금도 국수리를 지날 때면
철둑과 기차 굴을 번갈아 둘러봅니다

유난히도 춥고 눈이 많았던
그 1.4후퇴 피난시절 두 눈으로 보았던
그 수많은 주검의 행렬 생각나기 때문이지요

유엔군 전투기 쌕쌕이들
기차굴속 중공군 주둔 하고 있는 걸 어찌 알고
하루에도 몇 차례 굉음 소리 내며 날아와

산자락 밑 그 굴속을 겨냥
하늘에서 수직으로 곤두박질
포탄과 기관총 쏟아 붓고 수직으로 날아오르면

그 다음날 새벽이면 눈 쌓인 하얀 철둑길로
흰옷으로 위장한 중공군들 들것에 들려가던
그 주검의 행렬들

어머니 그때 한 살 더 들어 14살 난 이 아들
비록 명복은 빌어줄 줄 몰랐지만
적군인 그들일 망정 불쌍한 생각 들었답니다

국수리고개

어머니와 함께
이 국수리고개 넘어 큰댁으로 갈 때면
늘 차창 밖을 가리키시면서 말씀해주셨지요

저기쯤 집 한 체 있었단다
툇마루에서 네 동생 젖먹이고 나서
저 집을 떠나 막 이 바위쯤 왔을 때

별안간 하늘 깨지는 소리에 놀라 뒤 돌아보니
아! 글쎄 쌕쌕이들 몰려와 막 떠나온 그 집을
폭격하고 있지 않았겠느냐

국수리 외할머니 댁에도 끼니 떨어져
이 국수리고개 넘어 10여리길 큰댁으로
자식들 먹일 곡식 얻으러 가시던 어머니

얼마나 놀라셨겠어요
폭격 맞아 폭삭 무너져 불타는 그 집 보시고
오죽하면 이 고개 넘을 때마다 말씀하셨겠어요

메밀과 도토리

그날 어머니는 누나와 저를 데리고
삼십 여리길 농다치고개 넘어
당숙할아버지 댁으로 가셨지요

당장 때울 끼니 없어 생각나신 게
아버지 중미산 계실 때 주워두신 도토리와
어머니 심어 길러 털어놓으신 메밀이었지요

석 달 여 만에 다시 찾은 고향에서
폭격 맞아 논두렁에 처박힌 탱크도 보았고
당숙할아버지 식구들은 피난가고 없었어요

뒤울안 장독대로 가서 독을 열어보니
메밀은 중공군들이 말먹이 하고 반만 남았고
도토리는 한독 그대로 있었어요

어머니
그 도토리와 메밀이 우리 식구 끼니 때워주었지요
절망 속에서도 희망을 심으신 선견지명이셨어요

살신보살님

어머니
그 어려운 피난살이에
소고기 맛이란 꿈도 못 꾸었지요

끼니를 때우는데도 고작
도토리 쓴맛 우려내고 삶은 감자 섞어
손절구에 찧어 목숨 이어갔으니까요

한데! 꿈도 못 꿀 소고기 맛보았지요
날아오는 포탄에 맞은
이웃집 소 한 마리

착한 소주인
어차피 빼앗길까 숨겨 길렀는데 잘됐다며
나누어 주는 바람에 소고기 포식했지요

어머니! 아무래도 그 착한 소
끼니 어려워 불쌍한 우리 식구 위해
살신보살님 되어주신 게 아닐까요

진군하는 탱크들

며칠간이나
굉음 내며 날아와 지축 흔들던
포격소리 잠잠하더니

드디어 나타나준
국수리 고갯길의 웅장한 탱크들
줄이어 서울 쪽으로 진격했어요

마을아이들과 큰길로 뛰쳐나가
진격하는 탱크들 향해 만세 부르며
손 흔들어 환영해주니

탱크 앞자리 깃발 흔드는 병사마다
초콜릿 껌 과자며 담배며 던져주며
손도 흔들어주었어요

어머니 그날 우리 식구
난생 처음 미국과자들 맛보며
아버지도 데리러 오실 걸 믿었지요

수많은 주검들

탱크들은 서울 쪽으로 진격해 갔는데도
기다리는 아버지 소식은 없고
끼니 걱정 하루하루 더해 갈 때

마침 이웃할머니 한분
서울 가서 비누나 소금 사오면
쌀보리와 바꿔주겠다 하셨지요

어머니는 젖먹이로 엄두도 못 내셨지만
누나와 저는 아버지 소식도 알아 볼 겸
서울 집으로 떠났지요

아! 그러나 어머니
서울로 가는 길은 눈뜨고는 볼 수없는
주검들 보며 가는 길이였어요

기차 길 어느 주검들은 철모를 보여 주었고
산기슭 어느 주검은 군화만 보여주었고
강가의 어느 주검은 바위에 걸려 떠있었고

어머니 지금도
나이 어린 눈에 들어와 박혀버린 그 주검들
다시는 그런 전쟁 없기를 빌고 빌게 합니다

끼니 걱정 없겠다 하시면서

어머니
반가운 탱크들 줄이어 서울 쪽으로 간 후
피난마을 활기 띠기 시작했어요

피난 갔던 마을사람들 한둘 돌아오고
숨어있던 사람들 밖으로 나타나고
없어졌던 임시파출소도 문을 열었어요

우리 식구들도
소식 없는 아버지 더더욱 궁금해졌고
이 아들 파출소를 찾아갔지요

파출소장님
지리산토벌대 가신 아버지 사연 들으시고
쌀보리 몇 되 들려주시면서

내일부터 파출소로 나와서
청소도하고 심부름도 하면서
아버지 소식 기다리라 하신다는 말 들으시고

어머니
이젠 굶어죽지는 않겠구나 하시면서
얼마나 좋아하셨어요 눈물까지 글썽이시면서

중공군의 춘계대공세

어머니
38선 북방까지 쫓겨 갔던 중공군
다시 쳐들어와 피난을 가야한다니요

생지옥 같던 피난살이 끝나고
돌아오신 아버지와 우리 식구 함께
이젠 맘 놓고 살겠구나 좋아하시더니

어머니 기억나요
아버지 먼저 본대로 떠나시면서
조금만 더 참고 기다리자 하시던 말씀

그 말씀 들으신 어머니는 그때
아버지가 쥐어주시는 돈 받으시면서
눈물 펑펑 쏟으셨지요

이번에는 배타고 한강 건너
멀기도 한 천안으로 가는 길
역마다 기차 지붕까지 들끓던 피난민들

하지만 믿고 갔던 외가식구 찾지 못하고
철도관사 마루구석 피난민들 틈새에서
또 시작된 눈물겨운 세 번째 피난살이

어머니
아무도 아는 이 없는 낯선 곳에서
얼마나 또 눈앞이 캄캄 하셨겠어요

콩고물 인절미

어머니
우리 식구 그 철도관사 마루 한구석에서
피난민들 틈새에 끼여 피난살이 시작했지요

아버지 본대로 떠나시면서 주신
몇 푼 안 되는 돈도 다 떨어지고
들에서 캐온 풀죽 연명하다 큰일 났지요

어머니와 누이동생
영양실조 부황병에 걸려 얼굴 퉁퉁 붓고
주변 피난민들 수구수군 걱정들 하는 중

콩고물인절미가 약이라는 말 엿듣고
누나가 갖고 있던 돈 몇 푼으로
좌판과 구두약통 하나씩 만들었어요

누나는 담배 껌 초콜릿 좌판에 놓고 팔고
저도 구두통 둘러메고 누나 따라 다니면서
구두 닦으세요! 구두 닦으세요! 소리쳤어요

어머니
그때 누나와 저의 눈앞에는
노란 콩고물 인절미만 아른거렸어요

어느 흑인병사

그날은 또래 구두닦이 아이들과
미군들 드나드는 양공주 촌으로 가서
슈샤인! 슈샤인! 영어로 소리질렀지요

건장한 흑인병사 손짓해 부르기에
구두 닦으라는 줄 알고 다가갔더니
저를 번쩍 안아들고 우물가로 가는 거예요

발버둥치는 저를 내려다보며 낄낄 웃더니
우물 안으로 저를 집어넣으려 하는 거예요
웟쓰마르유! 웟쓰마르유! 부르짖었더니

그제야 우물 밖으로 내려 놓아주면서
양공주들 있는 집안으로 뒤돌아보지 않고
그 흑인병사 사라져버렸어요

어머니
그 흑인병사 장난삼아 그랬겠지만
나이 어린 저에게는 검은 공포였어요

그리고 그때 소리 지른 영어
웟쓰마르유! 는 언제 어디서 배워
그때 써먹었는지 아직도 궁금합니다

따뜻한 말

어머니
그날은 구두 통 둘러메고
경찰서 앞 서성이고 있었어요

어느 경찰관 한 분
자기 구두 내려다보더니 닦아야겠다며
저를 데리고 자기 집무실로 들어갔지요

큰방 혼자 쓰는 걸보니
높은 계급인 걸 짐작하고
열심히 구두를 닦기 시작하는데

집이 어디냐 묻기에 서울이라 대답했고
아버지는 뭣 하시는 분이냐 묻기에
경찰관이신데 지리산 토벌대 가셨다 했더니

구두 다 닦은 후
거스름돈도 안 받고 하시는 말씀
너 아주 똑똑하구나 앞으로 성공할거다

어머니! 천대받던 이 구두닦이 아들
처음 들어보는 따뜻한 말에
원망스럽던 아버지 자랑스러워졌어요

영등포에서 아버지를 기다리며

피난민들 바글바글 끓는
천안 철도 관사 떠나
외가 피난해 있다는 영등포로 왔지요

꿈에도 기다리던 아버지로 부터도
도강증 받을 때까지 기다리라는 소식
외삼촌 통해 들었지요

이제 전쟁이 끝났다하나
아직은 끼니 이을 걱정 끝난 게 아니라
구두통 메고 다니면서

바로 한강 건너
두어 시간이면 가 볼 수 있는 집
혼자서 구두통 메고 다녀오려 했지만

전쟁으로 끊어진 한강다리도 그렇고
아직은 나라가 비상사태라
도강증이 있어야 한다니

어머니! 그래도 이젠 외가와 함께 있어
끼니 굶을 걱정은 없어져 그런지
동네 친구들 빨리 만나고 싶어졌어요

어머니는 하늘이셨지요

어머니
얼마나 기쁘셨겠어요
그토록 기다리시던 아버지 오셨으니

한강다리는 끊겼어도
아버지 받아오신 도강증으로 우리 식구
나룻배 타고 집으로 돌아가게 되었으니

자식들 무얼 알겠어요
전쟁이 무언지 언제 끝날 건지
그저 어머니 계시어 하늘이셨지요

어머니도 무얼 아셨겠어요
그저 자식들 배고파하는 것만
가슴아파 하셨지요

나이 들어서야 이 아들도
쫓기여 갔던 중공군 다시 쳐들어와 우리 식구
세 번째 천안 피난살이 시킨 걸 알게 되었지요

어머니 우리 어머니
하늘보다 더 높은 사랑으로 자식들 지켜주신
우리 어머니

지난 모든 슬픔 잊으시고

어머니
이제 집에 오셨으니
지난 모든 슬픔 잊어버리셔야지요

피난길에서 저 세상으로 떠나보낸 셋째 딸도
다락방에서 숨어계시다 끌려가신 큰삼촌도
다 잊으셔야지요

1년 반 전쟁 피난살이였는데
몇 십 년 같은 긴 악몽의 피난살이 다 잊으시고
이제부터는 희망찬 내일만 보셔야지요

농다치고개 넘어 시집오신 후
8.15해방 6.25전쟁 겪으시고 나니
어느새 흘러가버린 어머니의 16년 세월

어머니 연세 34세 되셨네요
아직도 한창 젊으셨네요
지난 고생 생각하면 100세도 넘으신 거 같은데

어머니 믿어주세요
고생 끝에 낙이 온다니
어머니가 지켜주신 자식들 다 잘 되리라는 걸

학교 가는 길 방산다리

어머니! 이 아들 드디어
못 마친 반 학기 채우려 방산다리 건너
임시초등학교 다니게 되었지요

전쟁 전 다니던 초등학교는
미8군이 주둔하고 있어
청계천 방산다리건너로 다녀야했지요

청계천 가로지른 방산다리 위에는
늘 꿀꿀이죽 파는 구루마들이 있었고
고픈 배 채우려는 사람들 줄지어 있었지요

흐르는 청계천 물속에는
무슨 뼈들인지 물살에 씻기고 있었고
피라미와 붕어들이 노닐고 있었지요

다리 밑 둔덕의 드럼통에서는
군복들 염색하는 연기가 다리 위로 피어오르고
거지들이 떼 지어 몰려있었지요

어머니! 그 다리 위로 학교 오가며 이 아들
피난길에서 당하던 폭격과 포격대신
가난의 전쟁참화를 목격했지요

종로6가집을 떠나시면서

어머니 얼마나 서운하셨어요
그 자그마한 정든 집 떠나시면서
29세 나이에 오시어 50세나 되셨으니

하지만 또 얼마나 대견하셨어요
흘려보낸 그 역경의 세월에도
그 집에서 모든 걸 이루셨으니

그 어려운 가난 속에서도
5남매 모두 키워 공부시켜주셨고
3남매 결혼시켜 손주들도 보셨으니

그뿐인가요
이 아들 좋은 회사 취직도 하여
이젠 먹고살 걱정도 없어지셨으니

고생 끝에 낙이 온다더니
이 말이야말로 틀림없이
우리 어머니 두고 한 옛말 아닐까요

어머니
아무래도 그 자그마한 종로6가집은
우리 가족의 복福주머니였나 봅니다

전농동 방울집(1)

어머니
며느리도 보시고 손자까지 보시어
가뜩이나 작은 종로6가집 더 좁아졌지요

며느리와 이 아들 집지을 땅 사러 다니다
어머니 친정 가까운 전농동으로 정하고
집을 짓기 시작했지요

하지만 호사다마(好事多魔)라고
집 지어주던 친척 돈 미리 다 챙기고
집 짓다말고 행방불명 되었지요

온가족 방울 작업 했지요
부모님 실타래 풀고 방울 실 묶으시면
아내는 가위로 잘라 방울 만들었지요

온 집안은 방울방울로 가득했지요
그 방울들 아가 옷에 달아 수출했지요
결국 못다 지었던 집은 완성 되었지만

아! 그러나 이 방울집은
어머니의 손자 셋이나 태어난 축복 주었지만
부모님께 좌절과 고통도 주었지요

전농동 방울집(2)

어머니 아무래도
이 전농동 방울집과 우리 식구와는
함께할 인연이 없었나봐요

어찌 상상이나 했겠어요
잘나가던 이 아들 어느 날 갑자기
집 없는 5일 장터 떠돌이신세 될 줄을

이 못난 아들
어머니의 며느리가 가건물에서 짜주는
스웨터 보따리 들고 5일 장터 떠돌았지요

하지만 어머니 이 아들
4년 만에 오뚝이처럼 일어났지요
다시 일어나 더 큰 집 지어드렸지요

그간 드렸던 좌절과 슬픔 잊으시라고
2층으로 지어 부모님 잃어버린 방울집
내려다보시게 해드렸지요

이 아들 기적 같은 재기를 이룬 힘은
6·25전쟁 그 무서운 전쟁의 참화 속에서도
어머님께서 보여주신 자식사랑 그 힘이였지요

전농동 감나무집(1)

가슴 아프게 떠나온 방울집
바로 내려다보시며 서러움 푸시라
2층집으로 지어 드린 후

새로 지은 집 기념으로
감나무묘목 한그루
남향받이 담 안에 심어드렸지요

감나무 잘도 자라
2층 테라스까지 덮어
동네에서 감나무집이라 불렸지요

이 감나무 집에서
어머니는 아버지와 함께
24년이라는 세월 행복하셨지요

봄이면 노란감꽃들 보시며
여름이면 매미 우는 소리 들으시며
가을이면 곶감 만드시어 손자들 주시며

아! 그러나 이 전농동 감나무 집에서
방울집에서 드린 불효 가시기도 전에
아버지 돌아가셨지요

전농동 감나무집(2)

24년이라는 세월
아버지 어머니 이 감나무집에서
어찌 행복하기만 하셨겠어요

아버지는 며느리 운영하는 상계동공장
밤낮으로 돌보아주시느라
바쁘셨고

어머니는 며느리 공장 출근하면
집안일 도맡아 꾸려나가시느라
넷이나 되는 손자들 돌보시랴 바쁘셨고

이 아들은
섬유수출 무역업 하느라 외국으로 돌아쳐
집안일이란 염두에도 둘 수 없었고

참! 어머니
어머니는 일복을 타고나셨나 봐요
우리 식구 어머닐 닮아 다 부지런한가 봐요

한 가지 가슴 아픈 건
상계동공장 문 닫게 되자 할 일 다 하신 듯
슬프게도 아버지 그 다음해 돌아가셨지요

상계동 집

어머니
이 상계동 집으로 오시어
전농동 집에서 가신 아버지 그리워 하셨지요

5층 어머니 방 창문으로
불암산 너머 하늘 저쪽
아버지 잠드신 곳 내다보시며 그리워하셨지요

새벽마다 내려가시어
넓은 마당 서너 바퀴 도시다
조간신문 챙겨주시는 사랑 잊으신 적 없으셨지만

어머니
넓은 마당 거니실 때마다 아버지 생각 하셨겠어요
오랫동안 아버지 밟고 다니시던 공장 터이니

그래도 어머니는
이 상계동 집에서 그런대로 행복하셨어요
아버지 못 보신 여러 증손들 재롱 보셨으니까요

아! 어머니 몇 년 만 더 사셨더라면
새벽마다 운동하시던 저 마당에 들어선
파랑새와 무지개 소식 아버지에게 전해드리실 걸

지난 모든 억울함 다 잊으시고

어머니
그 어려운 피난살이 끝내고
집에 다시 돌아오신 어머니 억울하셨겠어요

옆집 몽선이네 앞집 인석이네
동네 대부분 집들은 피난 가지 않고
집에서 휴전을 맞았는데

왜 우리 식구들은 집근처에는 얼씬도 못하고
그 먼 길 헤매며 끼니까지 걸러 가며
죽을 고비 넘기며 그 고생했던가 하고요

이 아들도 나중에야 알게 되였지요
아버지가 경찰관이셨기 때문이었다는 걸
본인뿐 아니라 가족까지 처형당한다는 걸

어머니
이제 그 억울함도 풀어버리셔야지요
아버지는 나라를 지켜주신 애국자이셨으며
그래서 이렇게 우리 식구 다시 만났으니까요

부모님 묘소비문

해 뜨면 농다치고개 넘나드시며
자식 낳아 기르시던 옛이야기 나누시고
달뜨면 자식들도 찾아다니시며
어두운길 있으면 밝혀주소서

추기追記
어머님 극락세계로 가시니
12년 먼저 떠나신 아버님 잠들어계신
고향 농다치고개 멀지않은 옥천향교 옆
산자락 밑에 합장으로 모시고
이 시구詩句를 비석 우측면에 새겨드렸다

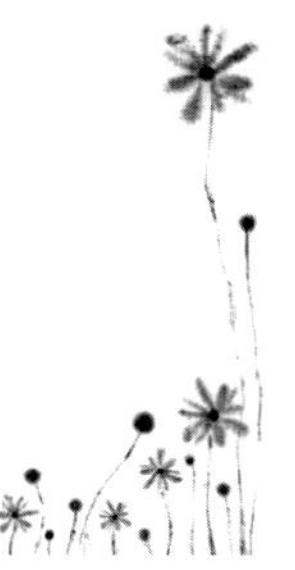

2부

울엄마떡

불효자 재기再起하여 다시 지어드릴 때 심어드린
전농동 집 감나무 2층 테라스까지 자라 올라
그 감나무 옆에서 4손자들과 행복하신 어머님
(3째 손자는 사진 찍느라 안보이고)

울엄마떡

아내가
개떡 잡숴요 하며
내미는 떡

찹쌀가루와 쑥 가루 반죽 위에
알록달록 강낭콩까지
보석처럼 박혀

향기도 맛도 보기에도
이리도 손색이 없는데
왜 이름이 하필이면 개떡인가

그 옛날 피난 시절 우리 어머니
보리조차 없어 보릿겨에 쑥 버무려
자식들 목숨 이어주신 떡인데

아내여 이제부터는
우리끼리라도 개떡이라 하지 말고
울엄마떡이라 부르는 게 어떻겠소

설날 아침

설날 아침
차례 상 차려놓고
테라스로 나가

불암산 하늘 저쪽
부모님계신 곳을 향하여
허리 굽혀 마중하는데

이웃 마을 공원
소나무 꼭대기에서
호들갑 떨며 울어대는 까치들

까치들아! 눈에 보이는구나!
햇무리 타고 오시는
두 분의 모습이!

설날 아침 성묘길

아침 차례 일찍 지내드리고
성묘를 떠나네

차창 밖 쌓인 눈 내다보며
걱정 속에 성묘를 가고 있네

눈 쌓인 산비탈 길 미끄러워
어찌 오르내리나 한숨 나오네

휴게소에서 커피 한 잔 마시는데
등산용 스틱 사들고 오는 아들

아비 마음 어이 알아차렸을까
이심전심 도라도 터득한 걸까

설날 아침 성묘

후루룩
장끼 한 마리 하늘로 솟구치네
깜짝 놀란 식구들
꿩이다!

후닥닥
고라니 한 마리 산기슭으로 치달리네
또 한 번 놀란 식구들
고라니다!

눈 덮인 산을 내려와
산소날개 양쪽 연산홍 덤불속에서
봄을 기다리며 늦잠 즐기던 놈들

먼발치부터
성묘하러 올라오는 자손들 지켜보시던
산소 속 두 분께서도 깜짝 놀라셨겠네.

날씨 좀 풀리면

저 창밖의 쌓인 눈 녹아내리고
얼어붙은 날씨 좀 풀리면 가보고싶네
그 자그마한 가난했던 종로6가 그 집을

그 쪽대문과 툇마루와 마루며
방들이며 다락방
아직도 그대로 있겠지

어린 시절 동네아이들과 뛰놀던
그 놀이터와 골목길 집들도
아직 그대로 있는지

혹시라도
다들 백발 되었을 그때 그 아이들
어느 누구라도 만날 수 있는지

내 청소년 시절의 푸르른 꿈과
내 청춘의 연정의 꽃도 피워준
가난했던 나의 그 자그마한 집

한번 꼭 가 보고싶네
숨 가쁘게 살아오느라 잊었던 그 집
이제 나이 들어서야 그리워지네 이토록

동그라미

새해 밝으니
새 달력에다
동그라미 치네

돌아가신 부모님 기일 찾아
동그라미 치니 동그라미 속에
부모님 얼굴 떠올라 그리워지네

식구들 생일 찾아
동그라미 치니 동그라미 속에
식구들 얼굴 떠올라 웃어주네

형제자매들 생일날 찾아
동그라미 치니 동그라미 속에
형제자매들 얼굴 떠올라 반겨주네

입춘대길

입춘 날이면
새벽부터 서둘러 절에 오르시어
불공드리고

돌아오실 땐
큰스님 친필 〈입춘대길〉
받아오시어

문설주위에 붙이라 내밀어주시던
그리워라 봄볕보다 더 따사롭던
어머님 손길

다정도 병이로구나

지난 겨울
테라스에서 눈 맞으면서도
한겨울 잘 지낸 양란

경칩 며칠 앞두고
강추위 일기예보에
베란다 안으로 옮기고

게다가
비닐로 덮어주었다가
오늘 들춰보니 이게 웬일!

푸르던 줄기들
다 어디로 가고
누런 죽음의 모습이냐

다정도 병이로구나
내 병이 너를 보냈구나
어이 할꼬 어이 할꼬

관음죽觀音竹

현관문
드나들 때마다
반겨주는 두 그루 관음죽

어머니
정성스레 가꾸시던 관음죽
어머님 가시고나니 내 차례

멀고먼 어느 나라에서
어느 스님이나 불자가 옮겨와 심고
이름 지어주셨다고

줄기에 달린 잎들은 관음보살님
천개의 손이라 말씀하시고는
합장하시던 어머님

어느 날 관음죽 꽃 피었기에
저에게도 행운이 오겠네요 했더니
보살님 자비심이나 배우라 하셨네

고부지정姑婦之情

날씨라도 풀려
거리의 눈이라도 녹거든 가지
이리 추운 날 새벽 집을 나서다니

어머님 기일 얼마 안 남았다고
더 추워지기 전에
준비해야한다고

집 근처에도 큰 시장 있건만
지난날 시어머니와 함께 다니던
그 장터만 고집하는 아내

40년 세월 한 지붕 아래 살면서
남몰래 흘린 눈물도
전연 없지는 않으련만

가신 지 13년이라는 세월인데도
아직도 그 장터 잊지 못하고
이른 새벽 집 떠난 아내

지금쯤 지난날 그 장터
그 단골집에서 몸 녹이며
그 옛날 어머님 생각하고 있겠지

고사떡

그 옛날 어렸을 적 어머님
모락모락 김 오르는 고사떡
소반위에 올려놓으시고
두 손 모아 신령님께 비실 때는

검붉은 팥고물 이고 있는
고사떡에 입맛 다시며
빨리 끝내 주시길 기다렸는데

어느새 그때 어머님 나이된 아내
오늘 고사떡 소반위에 놓고
두 손 모아 반야심경 독송할 때는
떡 대신 어머님 생각만 간절하네

가난했던 시절 이야기

아침식탁에 올라온
노란 계란부침을 들며
지난 이야기 나누네

아내는 남편 사업 실패로 어려웠을 때
시어머니 뒤꼍에 닭을 기르셨는데
첫 알들을 시장에 팔러가셨다가

알들이 너무 작아 팔지 못하여
온 집안 식구들 오랜만에
계란부침으로 포식 했다는 이야기

남편인 나는 초등학교 때 하도 가난해
계란 부침이란 일 년에 한두 번
소풍갈 때나 맛보았다는 이야기

두 내외 노란 계란 부침 들며
그 옛날 가난했던 그 시절
고생하셨던 어머님 그리워하네

기침 소리인들 아니 닮을 수 있을까

이 새벽
요란한 재채기 소리와
콜록콜록 잔기침 소리

꼭 어머님 살아계실 때
그 기침소리와 똑같아
잠결에 일어나 마루로 나오니

일찍 일어난 아내가
지난날 늙으신 어머님 모습으로
그때 그 식탁에 앉아

엊그제 따다 말린 붉은 고추
가위로 배를 가르면서
요란한 재채기와 잔기침

하기야 이 집에 시집와
시어머님과 함께한 세월 40년
기침소린들 아니 닮을 수 있었을까

옛날 대보름 전 날에는

아침부터
뭘 하는지 또닥또닥
도마소리 요란스럽더니

점심식탁에 오른
오곡밥에 8가지나물에
고추장까지 내놓고는

아내가 또 늘어놓는
지난날 어머님 하시던
그 말씀

옛날 대보름 전 날에는
산에가 나무 열 짐 해오고
나물에 밥 비벼 열 번 먹는 날이라는

청국장

어머님 돌아가신 후
서너 번 청국장 만들다가
어머님 맛 못내 아예 단념하고

이따금
큰댁이나 이모 댁에서 얻어다
청국장 끓여주던 아내

드디어
십여 년이나 지난 오늘
어느 친구에게서 배웠다고

팔팔 끓는 청국장찌개뚝배기
식탁에 올려주며
맛 좀 봐 달라 하는데

아! 온 집안을 휘감아 도는
어머님의 청국장 냄새
고향 냄새

도마연주

낫잠에 잠겨 있을 때
꿈결 속에 들려오는
그 옛날 어머님의 다듬이소리

잠깨어 가만히 들어보니
부엌에서 뚜드리는
아내의 도마소리

부엌으로 들어가 보니
손주들 온다고 만두소 다지는
신들린 아내의 도마연주

송편

내일은
추석날

며느리손녀딸들
할미 옛날이야기 들으며
송편들 빚네

추석날 달님은 보름달
추석날 빚는 송편은
반달

아주 먼 옛날부터
배고팠던 우리조상님들
반달송편 빚으며 빌었단다

명년에는 풍년들게 하시어
저 둥근달처럼 둥근 송편 빚어
배불리 해달라 빌었단다

조상님 차례 상에도
반달송편 올려드려
달처럼 둥근 풍년 빌었단다

들깻잎 장아찌

어머님 들깻잎 장아찌 좋아하시더니
아내도 어머님 따라 좋아하고
손녀딸들도 할미 닮아 좋아 한다네

어머님
테라스 텃밭에 들깨 심으시더니
아내도 어머님 가신 후 들깨를 심네

오늘아침 아내 들깻잎 따고 있네
들깻잎 차곡차곡 장아찌담가
손녀딸들 주려 들깻잎 따네

아내의 단골집

노점들이 보도인지 보도들이 노점들인지
발 디딜 틈 없이 인파는 밀려가고 밀려오고
배낭 멘 노인들, 담배 빨아들이는 어느 할머니
소림사고수들처럼 칼질하는 정육점주인

아내는 어찌 저리도 요리조리 빠져나가는지
몇 번이고 눈앞에서 사라졌다가는 나타나고
요골목조골목 따라가느라 진땀나는 남편
결국 도착한 곳은 자그마한 야채점포

중절모 쓴 주인에게 〈우리 애들 아버지〉
남편에게는〈우리 단골 주인〉 반말로 소개하고는
달랑 사들고 나오는 건 더덕과 연뿌리 몇 근뿐
이 하찮은 곳이 아내의 30년 단골이라니!

3부

회상回想

고향 뒷산 조상님 산소 벌초해 드리고
산중턱 계곡에서 점심 들고 있는 친척들
아버님도 계시네, 어머님도 계시네

왜 딱 한 번뿐일까

왜 딱 한 번뿐일까
내 머릿속에 남아있는
할아버님 모습은

5살 때 고향 이웃집 마당에서
드높은 하늘의 비행기구름 띠
쳐다보고 있을 때

등 뒤에서 내려다보시던
짧게 깎으셨던 백발의
그때 그 모습만이

부모님 따라
멀고먼 청진으로 간 그해
돌아가셨다는 할아버님이라지만

할아버님 잔등은
나를 업어주시느라 침과 콧물로
마를 날이 없으셨다는데

아무리 어렸을 때라지만
왜 딱 한번 뿐일까
기억 속의 할아버님 모습이

6살 때 본 그 설산

아이야
얼굴 동그란 아이야

지난밤
폭설로 뒤덮인
불암산 올려다보려니

문득 아주 먼 옛날
네가 바라보던
그 눈 덮인 산이 떠오르는구나

부모님 따라 기차란 걸 처음타고
새벽에 도착한 청진역에서 바라본
그 하얀 설산

아주 먼 그 옛날인데
어찌하여 네가 본 그 산이
눈앞에 떠오를까

풀릴 줄 모르고
점점 더 얼어붙어만 가는
통일의 염원 그 때문인가

회귀回歸

요즈음 들어
고향 그리움이
왜 더해갈까

어릴 적 떠나온
그 첩첩산골이
왜 이리도 그리움 더해갈까

태평양 돌아치다 갈 때 되면
태어난 강으로 회귀하는
저 연어처럼

나도 지금
고향 강물로 서서히
거슬러 오르고 있는 것일까

그리운 청진집

아이야
얼굴 동그란 아이야
아직도 그 새소리 들리는구나
아직도 그 새 두 마리 울고 있구나

네 나이 6살 되던 해
발돋움 해 내다본
청진 집 마루 창밖에는
아직도 녹색 콩밭 펼쳐있구나

콩밭 어디선가 들려온
맑은 새우는 소리에
두리번거리다 찾아냈지
콩밭 속 숨어 우는 두 마리 새를

아이야 얼굴 동그란 아이야
아직도 그 새 두 마리 울고 있구나
갈 수 없는 네가 그리워 울고 있구나
통일의 그날 빨리 오라 울고 있구나

아이와 8 · 15해방의 그날

아이야
얼굴 동그란 아이야
그날 너는 처음 보았지 우리나라 태극기를
초롱초롱 너의 두 눈으로 보고 또 보았지

피난민들 틈새에 끼어
남쪽고향으로 달리는 화물차 밖으로
마을 어귀며 외딴집 봉당에서 만세 부르며
흔들어주던 그 태극기 물결을 너는 보았지

달리던 화물차 역에서 잠시 머물면
찐 감자와 옥수수며 물통까지 올려주며
해방이 되었다고 울부짖으며 쥐어주던
그 선명하던 태극기 문양을 너는 보았지

왜정시대에 태어나 6살 때 고향 떠나
낯선 청진으로 가 살던 초등학교 1학년
느닷없는 피난길에 오른 너이니 어떻게
그 전에야 태극기를 볼 수 있었겠느냐

하지만 아이야
얼굴 동그란 아이야
너는 아느냐 어린 네가 얼마나 행운아인 걸
조국 8 · 15해방의 그 날을 네 두 눈에 담았으니

아이와 6 · 25전쟁

아이야 얼굴 동그란 아이야
6 · 25날을 맞을 때마다
너를 생각하면 가슴이 아프단다

그때 네 나이 13살
그 어린 나이에 당한 6 · 25전쟁
생각하면 아픈 가슴 메어진단다

피난길에 누이동생 잃은 소식 듣고
큰댁 부엌에서 누나와 둘이서
엉엉 울던 아이

식구들 뿔뿔이 흩어지고
중미산 중턱에 숨어계시던 아버지
나무꾼인양 몰래 음식 날라드리고

1 · 4후퇴 때는
아버지마저 안 계신 길고긴 피난길
공습 불바다 가운데서 살아남았고

춘계 중공군 대공세 때는
들판의 나물들로 굶주린 배 채워가며
좌판 든 누나와 구두닦이로 살아남았고

아이야 얼굴 동그란 아이야
6 · 25날을 맞을 때마다 너를 생각하면
지금도 가엾어서 가슴 아프단다

아이와 달과 눈 쌓인 돌고개

아이야 얼굴 동그란 아이야
지금도 생각하면
정말로 무서웠지

환한 달이 고갯길을
환하게 비춰 줄줄만 알았지
쌓인 눈길 숨길 줄은 몰랐지

앞장서 가던 사촌형
길 잘못 들어 무릎까지 빠졌다가는
엉금엉금 길 찾아 기어 나오곤 했지

공동묘지 지날 때는
도깨비와 눈 귀신에 홀리지 않았나
볼 따귀도 꼬집어보곤 했지

반시간 거리를 두어 시간 헤매다
마을 어귀 낯익은 미루나무 찾았을 때
살았구나 하고 얼마나 좋아했니

아이야 얼굴 동그란 아이야
그제야 무섭던 달이 다시 고마워졌지
3살 위 사촌형도 어른처럼 보였지

갓난이 아줌마

갓난이 아줌마
당숙할아버님의 늦둥이 아줌마

4살짜리 아줌마가
13살짜리 조카보고
조카 왜 또 내 조카 꼬집었냐고 호통 쳤지요

업어주는 아기 우는 거 보신 당숙할아버지께서
〈너 꼬집었구나〉 꾸중하시는 말씀 듣고부터
아기 울기만하면 이 조카에게 호통 쳤지요

하지만 갓난이 아줌마
그 때고 지금이고 이 조카는 한 번도 아줌마를
미워하거나 원망한적 없답니다

4살짜리 아줌마 아장아장 걸어와
호통 치는 게 어찌나 딱 부러지게 똑똑한지
안 꼬집었다고 웃으며 시치미만 뗐지요

그 무서운 6 · 25전쟁 그때
경찰관이셨던 아버지 뒷산에 숨겨주신 고마움
그때 그 아이도 너무나 잘 알고 있었거든요

아줌마 갓난이 아줌마
오늘 내 사촌형님 장례식장에서 만난 아줌마
어찌 그리 변했나요 할머니 되었으니

아이와 달과 농다치고개

달처럼
얼굴 동그란 아이야
네 얼굴 저 하늘의 달처럼 생겼는데

달밤에 오르는 농다치고개
그까짓 게 무엇이
그리 무서우냐

앞에는 백부님 시퍼런 낫 들고 오르시고
뒤에는 긴 막대기 든 사촌형 따라 오르고
너도 가운데서 박달막대기 들고 오르는데

저 고개 넘으면 고향인데
저 고개 넘으면 조상님들 산에서 주무시는데
2년전 저 고개 넘어 중미산도 오르내린 너인데

아이야 달처럼 얼굴 동그란 아이야
네 두 눈은 호랑이보다 더 무서운데
무엇이 두려워 두리번거리느냐

사촌형(1)

어린 시절 여름방학 돌아오면
시골 큰댁에 내려가

소나기 쏟아지면
소나기빗줄기 따라
미꾸리 떨어진다는 말 곧이듣고

종다래끼 들고 처마 밑에서
요란한 앞마당 빗방울 지켜보던
그리워라 사촌형과의 그 어린 시절

사촌형(2)

어린 시절 겨울방학 때면
시골 큰댁에 내려가

사촌형 엎드리면
등위에 올라서서
높은 선반 위 꿀단지 내리고

부엌 술독에서
호기심에 술맛까지보다 야단맞던
그리워라 사촌형과의 그 어린 시절

사촌형(3)

어릴 적 방학 때마다 내려가면
함께 놀아주던 날들 어제 같은데
어느새 무정한 세월 그리도 흘러갔나

백부님 뒤이어 고향 근처에서
집안 대소사 도맡아 해 오면서
어느새 산수傘壽나이 코앞에 두다니

오늘도 불암산 너머 고향 하늘
창문으로 내다보며 그리워하네
어릴 적 철없던 개구쟁이 그 추억들

회오리밤(1)

밤꽃으로 피어나는 순간
동그란 회오리바람에게
스쳤느냐

그 인연으로
요렇게 동그란
회오리 알밤으로 자라나

속 비워 줄매달고 휘둘러
회오리 바람소리 내며 놀던
어릴 적 생각나게 하느냐

회오리밤(2)

책상 위
회오리밤 한 톨

어쩌다 손길이라도 스치면
대구루루 굴러
눈길 끌어

농막뒷산 제 고향
밤나무 숲으로
데려가고

어릴 적 내 고향
회오리바람 놀이 하던
추억까지 데려와

기특한 마음 들어
팽이처럼 돌려주면
두어 바퀴 돌다 잠이 드네

파이프 담뱃대의 유혹

뒷방 구석에서 눈에 띈
대 여섯 개나 되는 파이프 담뱃대
책상 앞으로 옮겨놓고 드려다 보니

왜 버렸냐고
지난날엔 입에 물고 떼어놓지도 않더니
어찌 그리 눈길 한 번 주지 않을 수 있었냐고

동그라미 그려 보라네 옛날처럼
동그라미 속으로 동그라미 넣어보라네 옛날처럼
동그라미 속으로 모든 시름 날려보라네 옛날처럼

필통 속 낚시찌의 유혹

이젠 나이 들어
힘에 버거워 못가는 거
뻔히 알면서도

얼어붙은 창밖 하늘 가리키며
어서 얼음낚시 떠나자고 유혹하는
저 필통속의 낚시찌들

저수지 꽁꽁 얼었을 거라고
가서 얼음 서너 개 뚫으면
굵은 땀방울도 뚝뚝 떨어질 거라고

오늘 가서 물위에 띄워주면
깊은 물속 노니는 월척 한 수 낚아
옛날처럼 짜릿한 손맛 보여주겠다고

내 마음 호수에

왜 이리 맘이 설렐까요
설렘은 나이도 잊었나 봐요

밤낚시 가자는 아들들 말 듣고
뜬눈으로 밤을 새우다시피하니

그 낚시터 둘러싼 산들이
대낚시 던졌나 봐요 내 맘속 호수에

그 낚시터 호수 속 둥근달이
릴낚시 던졌나 봐요 내 맘속 호수에

파로호의 새벽

먼동이 트기 전 좌대로 나와 앉아
다시 던져 넣은 야광찌들을
지켜보고 있으려니

이윽고 먼동은 터오고
파로호 둘러싼 산들이
제 모습 보여주기 시작하는데

아직은 희끄무레
이산저산에서 웬 까마귀들
으스스하게 저리도 울어댈까

수중고혼 되었다는 3만의 목숨
아직도 천추의 한 풀지 못해
까마귀로 환생되어 울고 있는가

마침내 날은 밝아
파로호에 비추는 햇살 눈부신데
어릴 적 겪은 6·25전쟁 가실줄 모르네

파로호의 둥근달

밤낚시 가서
물속 둥근달과 낚시찌를
번갈아 지켜보다가

잡으려던
물고기는 한 마리도
못 잡고

내 맘 속 호수로 들어와 잠든
파로호의 둥근달만
데리고 가오

며칠간은
시詩 세상으로의
둘의 여행은 계속될 거요

붕어망은 비었지만

밤샘 낚시하느라
파로호 둥근달도 가슴에 품었고

돌아오는 길 어느 음식점 지붕 위
달처럼 둥근 호박도 눈에 담았고

아들들이 어미에게 줄려고 산
동그란 녹두전도 손에 들었으니

집에 가면 동그란 얼굴 아내에게
할 말은 있겠네 붕어망은 비었지만

세월무상歲月無常

아주 오랫동안 소식 끊겼던
박 사장에게서
전화가 왔네

30년 전 내 나이 40대 중반이었을 때
50대 초반이라 노인으로 여겼던
그 박 사장이 오늘 전화를 했네

하도 오랜만이라 듣는 목소리가
이승이아니라 저승에서
혹은 꿈결에서 들려오는 소리 같았네

너무 반가워 그간의 안부를 물으니
아내는 2년 전 암으로 세상을 떠났고
큰 딸네 식구와 살고 있다고 잘라 말하고

낚시 이야기만 하는 것이었네
허전한 속마음 보이지 않으려는지
그 옛날 낚시터 이야기만 하더니

돌아오는 봄 아카시아 꽃필 무렵
옛 낚시친구들 모여 낚시를 가자네
월척이라도 걸리면 끌려갈 나이도 모르고

큰댁 마당의 감나무 두 그루

큰댁 마당에서면
꼭 쳐다보는
감나무 두 그루

봄, 여름, 가을, 겨울
쳐다볼 때 마다 그 나무에서
큰아버님과 아버님과 재당숙
세 분의 모습 뵐 수 있다네

농다치고개 너머 고향에서
옮겨오신 저 감나무에서
담배연기 피어 올리시면서
고향이야기들 나누시는 세 분을

산수유(1)

나뭇잎들 다 떨어진
이 늦가을

잎 다 지고 나서도
빨간 열매 불 밝혀

봉분 속
부모님 따스하게 해드리는

저 산수유나무들의
고마운 맘씨

산수유(2)

아버님 어머님
왜들 아니오나 기다리실 텐데

입동도 지나 잎들 다 떨어져
산수유 열매 터질 듯 붉은데

어서들 몰려와
떠들썩 장대로 따가야 할 텐데

오솔길 내려다보시며 오늘도
왜들 아니오나 기다리실 텐데

시제 끝내고 하산 하는 길

시제 끝내고
하산하는 길
찬바람에 가슴 또한 시려오네

반가이 맞아주시던 옛 어른들
선산 이고저곳에서 새 봉분 이신 채
잠들어 계시고

작년 지팡이 의지해 나오시던
서너 어르신들도 몸져누워
발걸음 멈추셨다하고

어느새 내가 어른 대접받으며
비탈길 내려가는 게 힘들어 보이는지
부축까지 해주니

하지만 먼 옛날 15대부터
연이어 지켜 오신 선영 둘러보니
시리던 가슴 따스해지네.

윤년 드는 해

선영 마다하시고
고향 근처 이산저산 돌아다니시며
가실자리 손수 구하시느라 애쓰더니

결국 이곳 향교 옆 산으로
자리 마련하시고 오신 지도
어언 24년

아버님 어머님
10년이면 강산도 변한다하더니
가신 후 두 번 반이나 강산 변하여

둘러보소서
봉분 위 산허리는 잘라져 도로가 되고
한 채도 없었던 집들이 빽 둘러 생겨난 걸

아무래도 가셔야겠어요
조부모님과 선친 그리고 형제내외분들 계신
저 용천리선영으로

돌아오는 윤년 드는 해 길일 잡아 옮겨드려야
이 불효자 또한 안심하고 언제 건
부모님 곁으로 갈수 있잖아요

이제는 외롭지 않으시리

백부님 처음 이곳에 오시어
홀로계실 때에는
외로우셨겠지만

용문산 입구 선산
새소리 바람소리 물소리밖에 안 들리는
이 첩첩산중에서 홀로 외로우셨겠지만

이제는 결코 외롭지 않으시리
농다치고개 너머 고향에서
조부모님 이장해 옆에 봉분으로 모시고

새로 지은 만년유택 납골당에
백모님과 큰아드님 며느리도
함께 계시게 되셨으니

더욱이 머지않아
두 동생 내외분들도 다들 오시어
그 옛날 고향집에서처럼 오순도순 지내실테니

그리운 그 작은집(1)

그리운
그 작은집
첫 전철 안에서 아내와 들여다보네

막내 동생 힘들게 찾아가보고
모바일에 담아 이메일로 보내준
그 옛날 살던 그리운 그 집 들여다보네

농장으로 달리는 전철처럼
세월은 얼마나 빨리 흘러갔나
초등학교부터 결혼하고도 2년 살던 그 집

어릴 적 뛰놀던 그 골목길 그대로 있네
막다른 쪽대문 그대로 있네
첫아들 뒤뚱거리던 층계 그대로 있네

옛 추억에 잠겨있는 아내에게
좋은 학벌에 큰집에 살던 당신
어찌 이리 작은 집으로 시집왔소 물으니

농장으로 일하러가는 아내이건만
밝은 웃음 보내주며 말해주네
콩깍지가 눈에 끼여 그랬다고

그리운 그 작은집(2)

막내 동생아
그리운 그 집 찾느라
고생 많이 했다지

네 작은 오빠에게 이 메일로
사진 보내주고 설명 받으면서
어렵사리 찾았다는 말 들었단다

막내 동생아
사진 찍어주는 네 남편에게
손으로 가리키며 옛이야기 들려주는구나

어릴 적 엄마 기다리던 그 쪽대문을
어릴 적 친구들이랑 뛰놀던 그 골목길을
어릴 적 엄마 손잡고 오르내리던 그 층계를

어찌 그립지 않겠느냐 그 작은 집이
네 작은 오빠랑 네 큰조카 태어난
고향집인데

부모님 산소 꽃소식

전철역 한 정거장 달라
이따금 만나는 동생
오늘 또 만났네

오늘 또 보여주네
부모님 산소 주변 꽃소식
엊그제 담았다는 모바일 갤러리로

지난번 보여준 꽃은
늦은 봄 백합과 장미꽃이었는데
오늘은 어느새 한여름 배롱나무 꽃이네

오른쪽 분홍 꽃더미 속에 어머니 계시네
왼쪽 보라 꽃더미 속엔 아버지 계시네
두 분 웃으시며 손 흔들어주시네

걸어 30분 거리인데도
벌초나 명절 성묘 때나 찾아뵙는
이 형兄을 대신하여

부모님 산소 돌봐드리며
어느새 3년 시묘 노후 농사 즐기는 동생
고맙기도 하지

나물케는 시누올케

봄이면
나물 캐러 찾아오는 누님
오늘 아침 농장에 찾아왔네

내 아내 다른 일 제쳐 놓고
평소 눈여겨 보아두었던 곳으로
누님과 함께 다니며 나물들 캐네

먼발치서 밭일하면서도
나는 다 알고 있다네
지금 무슨 나물 캐고 있다는 걸

지금 저기선 돌미나리
지금 저기선 질경이
저기는 냉이 밭이니 냉이 캐고 있군

두 시누올케지간
나물 캐며 떠드는 소리
먼 발치 이곳까지 소란스럽네

나물 캐는 재미가
나이 많은 저 두 여인
그 옛날 소녀시절로 되돌려 주었나

풋밤 두 톨(1)

저녁식탁에서
오늘 낮 농장 뒷산에서 따온
풋밤 2톨 정성스레 깎아

한 톨은 아내에게 건네주고
한 톨은 내 입에 넣으면서
아내에게 물어보네 생각나느냐고

학교 뒷산에서 딴 풋밤 서너 톨
이웃대학에 다니던 당신을
중간쯤에서 만나 건네준 그 일을

반백년도 훨씬 더 지난 그 풋밤을
어찌 기억할 수 있을까 하면서도
그 시절 풋사랑 생각나 물어보네

풋밤 두 톨(2)

그 옛날
풋밤 받던 생각나느냐고
엊저녁 물어볼 때는

반백년도 넘는 그런 기억
어찌 생각나겠냐는 듯
대꾸조차 없더니만

오늘아침 웬일로
어제 까고 남은 풋밤 두 톨
정성스레 까 한 톨 건네주네

어제 못한 대답으로 알고
어제처럼 한 톨 들어
아내에게 건네주네

오라버니라 불러주는

오라버니라 불러주는
팔촌누이동생에게 보내주려
동네 우체국 가네

금년 들어 제일 추운 영하10도라는데
시집 한권 들고 가는 이 마음
어찌 이리 따스할까

그 옛날 6 · 25전쟁 때
당숙할아버지 얼굴 떠오르네
팔촌누이동생 아버지 얼굴도 떠오르네

그때 경찰관이셨던 우리 아버지
9 · 28수복까지 고향집 뒷산에 숨겨주신
은인들이신데

그분들 손녀딸이며 따님이 시인이라니!
집안에 나와 같은 시인이 되었다는 게
이리도 반가울 줄이야

오라버니라 불러주는 누이동생 시인에게
오라버니 시집 한 권 보내주려고 가는 우체국길
춥기는커녕 따스하기만 하네

그 옛날 옆집 아저씨

나 어찌 이 나이되도록
그 옛날 옆집 그 아저씨
잊고 있었던가

그 옛날 6·25전쟁 끝나고 나서
중학교 입학시험 치르기 전 여쭈웠을 때
문文씨이니 가까운 휘문 들어가거라

고등학교 때는 주제넘게도
아호雅號하나 지어 달라 부탁드렸더니
효봉曉峰으로 하거라

그 옛날 학교 다닐 때 집골목 들어서면
공자 왈 맹자 왈 글 읽으시던 목소리
청아하기도 했는데

30여 년 전 효봉물산 공장근처에서 뵙고
제과점에서 케이크 한 상자 사드린 게
마지막일 줄이야, 지금 100세는 되셨을 텐데

그때 그 효봉이란 아호 수명은 길어
큰아들이 이어받아 지금도 운영되고 있는데
나 어찌 까맣게 잊고 있었는가

꿈에 다녀온 농다치고개

왜 자꾸만 생각날까
꿈에 다녀온 고향 가는 길
그 농다치고개가

꿈속에서도
험한 바위들 틈새로
가파른 비탈길 오르느라 애쓰다가

고개 마루턱에 올라서자
훤하게 고향집 앞마당까지 내려뻗어
보여주던 그 신작로

멀지 않은 곳에 살건만
어찌 한 번도 찾아오지 않느냐고
신작로까지 만들어 보여준 건 아닐까

한식 성묘寒食 省墓

오늘은 한식날
성묘 드리러 식구들과
서둘러 내려와 보니

산소 주변 온통 꽃 세상이네
먼저 내려온 동생 내외 꽃 속에서
달래 캐고 있네

4월 들어 낮 기온이
5월 중순처럼 높다하더니
꽃들도 깜빡 속아 일찍 피었나

한식날이면 아직은 추워
몸 사리시던 부모님도
봄인 줄 아시고 외출 하셨나

저 목련꽃에서도 진달래꽃 더미에서도
저 산수유. 개나리, 매실꽃에서도
아버님 어머님 반갑다 맞아주시네

제2편

시詩 속에 잠재운 아내와 나의 시골농장

1부

농장의 봄

시詩 속에 잠재우려 하네

시詩 속에 잠재우려 하네
아내와 나의
시골농장을

저 농막과 과수원과
연못가 나무들과 꽃들이며
산새들을

그리고 둘러싼 산과
저 아래 멀찌감치 흘러가는
남한강물도

봄부터 늦가을까지 우리 내외
땀 흘려 밭 갈고 씨 뿌려 가꾸며 나누는
행복한 이야기들도

미운 반려들도 잠재우려 하네
힘들게 하고 속 썩이며 겁주는
저 잡초들과 고라니와 멧돼지들도

나이 더 들어 못 오게 될 때 그리워지면
시詩 속에서 잠든 시골농장 잠 깨워
새장 속의 새를 보듯 들여다 보려네

여린 봄비 소리에도

겨우내
창문 여닫을 때는
눈길 한번 끌지 않더니

웬일인가
창밖 베란다 저 수수씨앗 세 이삭
오늘아침 새삼 눈길끌어주니

밤사이 유리창 스치던
여린 봄비소리에도 나처럼
겨울잠 깨어났나

잠 깨어 저들 싹틔워줄
농장흙냄새라도 미리 데려가
맡게 해달라는 걸까

시골 농장도 잠에서 깨어나

시골농장도
겨울잠에서 깨어나
아내를 불러 대는가보다

꽃샘추위 아직도
저리 극성부리는데
내려가자 보채고 있으니

달래 캐다가
어머님 제사상에 올려드리자
저리 보채고 있으니

달력을 들여다 보며

달력을 들여다 보며 아내에게 말해주네
오늘은 늦었으니 내일 가자고
작년에도 바로 내일 날자 다녀왔다고

작년에 가서도 너무 일러
냉이라고는 3뿌리밖에 캐지 못하고
매실 꽃 몽우리만 보고오지 않았냐고

느긋한 체 말은 했지만
난들 왜 한시라도 빨리
내려가 보고 싶지 않겠는가

마을 반장 만나 감자씨도 받아야하고
거동도 못한다는 김노인 병문안도 해야 하고
멧돼지 울타리 망치지 않았나 둘러봐야 하고

농장의 봄 문을 열어주려 왔네

겨우내
꼭꼭 닫아걸고 있는
농장의 봄 문을 열어주려 왔네

하지만
아침 기온은 영하3도
낮 기온은 영상7도 아직은 겨울

산기슭 은행나무들만
두말이나 되는 은행 알 내려놓고
기다리고 있었네

감나무 앞 고추밭은
보기 싫은 고추대나 뽑아 달라
눈살 찌푸리고 있었네

오늘은 농장의 봄 문을
은행나무들과 고추밭에만
열어주고 가려네

농막 물청소

어느새
꽃 몽우리 피우려 안간힘 쓰는
산수유 홍매실 나무 바라보며

우리 두 내외
농막도 새봄 맞이하라
물청소 해주네

호수로 연결된 굵은 물줄기
식탁이며 의자며 바닥이며
쌓인 먼지 씻어 도랑으로 보내네

콸콸 솟구치는 지하수 물줄기
겨우내 쌓였던 두 내외 시름도
한꺼번에 씻어 흘려보내주네

자신감

오늘 새벽 농장 가는 전철 안에서는
올해에도 작년처럼
농사일 할 수 있을까

내 나이 옛날 같으면
거동하기도 어려웠다는데 하며
지레 걱정했는데

하지만 웬걸! 막상 농장에 내려가
온종일 낙엽 쓸고 밭 비닐 걷고
서울 집에 돌아와

이 저녁나절 또
친구 만나 술 한 잔 하러 외출이라니
금년 농사도 걱정 안 해도 되겠네

오미자넝쿨

오미자넝쿨
안에서 지탱해주던 나무기둥들
오래 되어 삭아져버리니

어쩌나
오미자넝쿨들
새잎들 무성해지면 주저앉을 텐데

생각 끝에
하던 밭갈이 내일로 미루고
굵은 나무들 끌고 와

아내에게 넣어 달라하고
오미자넝쿨 속으로 들어가 받아
넝쿨 걸어 뻔쩍 올려 세워주니

오미자 제 자리 잡았네
집 한 채라도 들어 올린 듯
기고만장이네

냉이

아내는
조그만 바구니와 호미 들고
냉이 캐러 가고

나는 며칠 전 내려와 주워 모은
은행알들 통에 넣고 밟아
지하수로 씻겨내고 있는데

봄은 아직
농막에는 이르지 못했는지
아내의 바구니에는 냉이 6뿌리뿐

그래도 오늘저녁
된장찌개에 넣어 끓이겠다는
아내의 웃는 얼굴에는 봄이 한창

수숫대와 뽕나무

수숫대 뿌리
이리도 힘이 센가
뽑으려 힘을 써도 꿈쩍 않으니

뽑아버리고 밭갈이해야 하는데
동화 속 떨어져죽었다는
호랑이 발톱 닮아 그런가

궁리 끝에
쇠스랑 곡괭이 들고 와 파 헤치며
기진맥진 쉬면서 바라보니

눈앞의 밭두렁 두 그루 뽕나무
엷은 녹색 봄옷 준비하면서
힘내라 봄바람 불어 보내주네

오늘 농장의 봄 소식

모처럼 혼자 내려와
산수유나무 위쪽 수수와 조밭
비닐 걷어주고 비료 뿌려주고

자두나무 앞 넓은 고추밭
비닐 걷어주고
비료부대 옮겨놓고 나서

농막으로 들어와 앉아
도시락 들면서 아내에게
어떤 봄소식 전화해줄까 둘러보네

과수원 매실꽃은 아직 멀었고
냉이는 찾아볼 시간 없으니
산수유꽃 몽우리나 전해야겠네

편안한 마음

밭갈이 준비하다
땀 식히며 둘러보는 둘러싼 산과
저 아래 먼발치에서 흘러가는 강물

어찌 이리
보이는 모두가
마음 편하게 다가오는가

내가 만일
끼니 때우려 이런 힘든 일 한다 해도
마찬가지로 이리도 여유로울까

아내의 고마운 배려

작년 비닐 걷어내고 밭 갈아엎고
밭이랑밭고랑 가지런히
다듬어놓으면

그때서야
새 비닐 덮는 일
자기 몫이라는 걸 알고

느긋한 마음으로
양지바른 이곳저곳 다니며
냉이 캐는 아내

허리가 시원찮아
서서만 일하는 남편 배려해
쪼그리는 일은 도맡아 해주는 아내여

숨어있는 꽃샘추위

겨우내
먼지 뒤집어쓴 농막
또 물청소해주네

뒤에도 산
좌우에도 산
그리고 저 아래 푸른 강물은 흘러

고약한 먼지는 없고
그저 겨우내 낙엽들 노닐다간
흔적들이지만

콸콸 뿜어 올리는 지하수로
구석구석 물청소해주어
숨어있는 꽃샘추위 쫓아 내려하네

밭을 갈아주었네

아내의 동갑내기
아랫마을 친구 사위가 농기계로
밭을 갈아주었네

짧지 않은 세월 나 혼자
삽과 쇠스랑으로 뒤집어엎던 밭을
고맙게도 갈아주었네

열흘이나 걸리는 밭을 갈 때면
밤마다 종아리 쥐가 나서 애쓰는 걸
보다 못한 아내가 부탁했다네

갈아준 밭 둘러 본 우리 내외
우선 서너 밭이랑 다듬어 비닐 덮고
여유로운 마음으로 감자를 심네

이젠 한밤중 종아리 쥐 걱정 없어져
모래 내려와 심을 강낭콩 밭마저
콧노래까지 흥얼거리며 마무리하네

진달래꽃(1)

그저께 내려와 감자 심고
강낭콩 심을 밭
준비할 때는

보이지 않던
앞산자락 붉은 저 진달래꽃 더미
그새 피어 우리 내외 놀래주나

지난 일 년 간 못 본 그리움
한꺼번에 안겨주려
이틀 새 달려왔나

진달래꽃(2)

사촌형님 전화 받고
농장에서 가까운
선영先塋 찾아 뵈웠네

두 아들도 함께와 넷이서
조상님 산소와 주변 낙엽들
갈퀴로 쓸어드렸네

일 마친 후 절 올려드리고
내려주시는 음복마실 때야
얼굴 보여주는 산자락 진달래꽃

증조할머니 꽃 속에서 웃어주시네
할아버님도 백부님도 웃고 계시네
얼마 전 가신 사촌형님도 함께 계시네

진달래꽃(3)

밭일하며 쉴 때마다
어김없이 눈길끄는
저 산자락 붉은 띠 두른 진달래꽃들

내 눈길 마주칠 때마다
봄바람에 실려 보내주는 내 어릴 적
고향 뒷산 범바위 골 진달래꽃 추억

왕대추나무 묘목 5 그루

우리 두 내외
농장에 도착하자마자
왕대추나무 묘목 5그루 심어주고 있네

심어주는 우리 두 내외
이 대추나무들 아주 잘 자라줄 걸
의심치 않네

어제 묘목시장에서 사들고 집에 올 때나
오늘 새벽 심어주려 농장에올 때나
보는 사람들마다 이구동성

무슨 나무냐고 잘들 생겼다고
마치 예쁜 아가들에게처럼
칭찬을 아끼지 않았기 때문이네

가버린 복사나무 밑에

외진 곳에서
칡넝쿨에 휘감겨 몸부림치다가
눈길 끌지 못해 가버린

복사나무 한 구루 밑에서
돌봐주지 못한 미안한 마음으로
호박씨를 심어주네

복사나무 괴롭힌 칡넝쿨들
뿌리까지 뽑아
한도 풀어주고

건너편 농막입구
복사나무들처럼 연분홍 꽃피우고
탐스러운 복사들은 못 열려도

가엾은 앙상한 몸
넓고 푸르른 호박잎으로 감싸고
노란 호박꽃도 피우고

초여름에는 예쁜 애호박
가을에는 황금빛 왕호박이라도
매달아보라고

꽃 몽우리들

밭 두럭 위
노란 산수유 꽃 몽우리 보며
강낭콩밭 일구고

밭 건너편
하얀 홍매실 꽃 몽우리 보며
감자밭 일구고

고된 시간 한참 보냈는데
웬일인가 피곤함 안 느끼니
저 꽃 몽우리들 내 맘 속 채웠나

고마운 목련나무들

어머나!
저 목련꽃들 좀 봐요
활짝 폈네요

뒤따라오던 아내의 탄성에
설마 삼일 만에 폈을 리가
하며 쳐다보니

저럴 수가! 농막 길 가지런히 늘어선
6그루 목련나무들 머리 위
6개의 흰 구름덩이들

고맙기도 하지 목련나무들
3일전 혼자 왔을 땐 기다렸다가
내 아내 오는 날 피어 기쁨주다니

며칠 못 본 새에 목련꽃들이

도대체
밭갈이하는 동안 오가며
몇 번이나 서로 만나 즐거웠다고

며칠 못 내려온 그새
이별의 눈길조차 나눌 틈새 없이
다 떨어져버려

이 아침 혹여 발길에라도 밟힐라
갈퀴로 쓸어 모아주는 이 마음
이리도 허전하게 하느냐

가는 꽃 있으니 오는 꽃 있네

가는 꽃 있으니
오는 꽃 있네
가는 꽃 잘 가라 보네고 오는 꽃 반기네

산자락 붉은 등 밝히던 진달래꽃
도랑가의 고고한 목련꽃 구름
과수원의 매실 꽃들 온데간데 없어도

저 산길 따라 피어난 흰 싸리 꽃이며
저 밭 언덕에 피어난 흰 찔레꽃 더미들
허전한 마음 채워주네

게으른 모과나무

모과나무야
다들 꽃피우느라 야단인데
넌 왜 아직도 꽃피울 내색도 없느냐

너는 그리도 키가 큰데
저 조그만 나무들 꽃핀 게
보이지도 않느냐

저 작은 꽃나무들이 이루고 있는
저 매실 자두 복사 꽃구름
부럽지도 않느냐

너의 고 조그마한 분홍꽃 피우기가
그리도 힘들어 그러는 것이냐
아니면 게을러터져 그런 것이냐

도시락

아내와 둘이서
농막으로 들어와
점심을 들며

며칠 전 심어준 강낭콩과 감자 싹들
줄지어 얼굴 내민 예쁜 모습들
이야기 나누며

방금 심고 온
땅콩과 여주 아주까리는 언제 싹틀까
이야기도 나누네

꾀꼬리는 며칠 후면 울어줄까
뻐꾸기는 언제쯤 찾아올까도
이야기 나누는 동안

어럽쇼!
꼭두새벽 아내가 준비해온 도시락
이야기가 다먹어치웠는가 텅 비었네

모종 단골집

해마다 봄 이맘때면
한두 번 씩 들리는
모종단골집

작년만 해도 무릎관절로
앞 손수레 의지하던
주인 노파

오늘 보니
언제 그랬냐는 듯 걸어 다니며
아내와도 흥정을 하기에

많이 회복 되셨네요
연세가 한 칠순쯤 되셨지요
말 건넸더니

그 말 그리도 좋은지
얼굴 주름 활짝 피면서
웬걸요 여든도 중반인데요 하면서

아내가 깎아달라는 값으로
그래! 그래! 꼭 내 시누 같아 하며
참외 두어 모종 선심까지 쓰네

12가지 모종

12가지나 되는 모종 사가지고
농장에 도착하자마자

내가
막대기로 간격 맞추어 모종 집 뚫어주면

막내아들은
모종 집마다 찰찰 물 채워주고

아내는
모종들 제집에 심어 흙으로 다져주고

12가지 모종 심는데 걸린 고작 두 시간
이만하면 농사꾼 자격 충분하지 않겠소

나만 바쁜 줄 알았더니

자두나무 아래 밭일
대충 마치고 또 서둘러
매실나무들 옆 밭뙈기 삽질하는데

매실나무들 밑에
떨어지는 소리
힘에 버거워 솎아내는 소리

매실나무들아!
나만 바쁜 줄 알았더니
너희들도 쉴 새 없이 바쁘구나

걱정 풀어주는 뻐꾸기 소리

윗밭 땡볕에서
고구마 밭 울타리 문 각목으로 버텨주고
농막으로 들어온 아내는

저만하면
멧돼지 못 들어가겠지요
걱정 놓지 못하고

남편은 가파른 뒷산 자락에서
채소밭 울타리 더 단단히 동여매주고
농막으로 들어와 아내에게

그만하면
그 얄미운 고라니들 못 들어갈 거야
걱정 놓지 못할 때

첫 뻐꾸기 소리 들리네
저들 왔다고 뒷산에서 앞산에서
뻐꾸기들 울어주네

뻐꾸기소리에

두 내외 걱정

봄눈 녹 듯 사라지네

돼지감자

비료 값 주러 아랫마을 내려갔던 아내
들고 올라온 바구니
뭐냐 물으니

돼지감자 씨라니!
아니 돼지라면 입에 담기도 싫은데
돼지감자 씨라니!

가뜩이나 작년
고구마 밭 울타리 다 뭉개놓고
뒤집어엎은 생각하면 열불 오르는데

아내는 손을 저으며 말해주네
제 이름 붙인 이 돼지감자는 안 먹고
당신 당뇨치료에는 좋다고

하! 이거야
심을 수도 없고
이웃사촌지정 버릴 수도 없고

저리도 좋을까

저리도 기쁠까
아내의 얼굴에
웃음꽃 활짝 피우니

꼭두새벽
첫 전철로 내려오느라
반쯤은 졸린 눈빛이더니

엿새 만에 찾아온 농장에
그 새 자라 기다리는
가지들과 오이들 보고

그것도
주렁주렁 열려준 게 아니라
열리기 시작한 두어 개씩을 보고

새해 들어 첨보는 가지 오이들이
손주들 만난 만큼이나
저리도 좋을까

작은 후회 하나하나가

5월로 접어드니 밭이랑의 새싹들
하루가 다르게 쑥쑥 커가는 걸 보니
지지대들 세워줄 때 와가는구나 하고

지난해 맘 내키는 대로
던져놓았던 플라스틱 지지대들
하나하나 주워 모으며 후회를 하네

그때그때 한장소에
정리해 놓았더라면 이렇게
많은 시간 버리지 않아도 될 걸

이건 고추 지지대, 이건 강낭콩 지지대
이건 수수, 이건 토마토 지지대
이건 여주, 이건 가지 지지대

내가 저지른 일 화풀이 할 데는 없고
그래도 키순서대로 받쳐주어야
비바람에도 버텨줄 테니

그러니 어쩌겠나
이렇게 하나하나 다듬어 나가야지
작은 후회 하나하나가 깨달음 아니겠나

어찌 견뎌냈느냐

듣도 보도 못한 봄 강풍특보로
바닷길 하늘 길 막히고
온 나라 곳곳 물난리난 걸 알고도

다른 바쁜 일로
걱정에 걱정만 하다가
오늘에야 내려와보니

놀랍구나!
심어놓고 간 어린모종들
다들 견뎌냈구나

꼬맹이 모종들아
어찌들 살아남았느냐
키들 작아 강풍이 봐 준 것이냐

저 키 큰
복사나무 굵은 가지도
부러트리고 간 강풍인데

저 흙 덮어 두었던 비닐들도
찢어발겨놓고 간
그 무서운 강풍이었는데

대추나무 오미자 집

앞으로 살아갈
집주인은 오미자 넝쿨이지만
집 이름만은 대추나무집으로 부르기로 했네

그리하여
대추나무도 주인 노릇 하며
오미자와 함께하여 내 미안함을 덜고자 하네

대추나무2그루 나이 많이 들어
열매 못 열리는지 오래되었어도
함께한 세월의 정 때문에 그냥 두었다가

끝내 모진 맘으로 베어버리긴 했어도
미안한 마음 가셔지지 않기에 잘 다듬어
오미자넝쿨 집 지어주고 있네

지난봄날 사다 심은 오미자 살 집 지어
오가며 밭일하다 그늘에 앉아 쉬면서
지나날 대추나무와의 추억도 간직하려 하네

뽕나무 두 그루

5월로 접어드니
둘러싼 산들과 밭들
제철 옷 갈아입고 있는데

웬일일까 저 밭 언덕
두 그루 뽕나무 아직도
연녹색 옷 보여주지 않으니

누님이
연한 뽕잎 따러 온다는 날도
머지않았는데

고로쇠나무 18 그루

어린 묘목 사다 심고
처음 몇 년 동안 오르내리며
돌봐주느라 고생도 했는데

칡넝쿨에 걸려 넘어지고
찔레가시에 찔리기도 하고
숨어있던 벌에게 귀때기도 쏘였는데

모처럼 오늘
칡넝쿨에게 목이라도 졸리지 않았나
낫 들고 올라와보니

어쩌면 몇 년 새 이토록 자랐는가
어느 넝쿨 할아비라도 너희들 기세에
얼씬도 못 하겠구나

모처럼 너희들 그늘에 앉아
저 멀리 흘러가는 남한강 내려다보니
함께 심던 지난날 전 노인 생각나누나

덤불 속의 모과나무

참 이상도하지
작년 이맘때 올라와
덤불에 갇혔던 모과나무 세 그루 다 살렸는데

오늘 저 한구석 덤불속에서
웬 연분홍 모과 꽃
살려 달라 눈길 끄는가

풀섶 헤치며 덤불 앞으로가 들여다보니
크지도 못한 모과나무를 똘똘 말고
내 눈까지 속여 온 저 칡넝쿨과 찔레 덤불

나이 드니 힘도 버거워
이 외진 밭 못 오르는 거 알고 제 집으로 삼아
내 모과나무 숨통 막아온 요놈들!

들고 온 낫으로 모조리 쳐주고 나니
아기자기 어여쁜 연분홍 모과 꽃들 인사하네
아 고마워요! 이제 살 것 같아요!

울타리 점검

새벽 전철로 내려와
기어오르는 울타리덤불들 잘라내며
기울어진 버팀대들 망치로 다져주며
또 뚫어놓은 구멍 어디 없나 살피면서

허리 펴고 땀 씻을 때마다
둘러싼 산중턱 바라보면
고라니란 놈들도 숨어 내려다보며
비아냥거린다네

아무리 애써본들 소용없다!
내 주둥이로 그물 걷어 올리고
내 이빨로 그물 뚫어버리고
내 긴 뒷다리로 껑충 뛰어넘고 넘어오고

산비둘기 이젠 외롭지 않겠구나

자두나무 그늘에 앉아
오이넝쿨 기어오를
엉킨 줄 풀고 있을 때

이 봄 들어
처음 들어보는
뒷산의 꾀꼬리소리

또 뒤 이어
저도 왔다고 신고하는
옆 산의 뻐꾸기소리

날이면 날마다
혼자 울던 산비둘기
이젠 외롭지 않겠네

욕심 많은 자두나무

자두나무 밑 그늘에서
오이 호박 여주넝쿨 기어오를
나뭇가지들 다듬고 있을 때

툭! 툭! 소리 내며
쉴 새 없이 떨어지는
어린 자두 열매들

얼마나 많이 열렸으면
힘에 버거워 가슴 아파하며
저리도 솎아 내리고 있을까

욕심은 많아
꽃송이마다 열매 맺을 때는
좋아도 했으련만

찔레꽃

다른 꽃들 다 지고 나니
오늘 우리 내외 반겨주는 꽃은
저기 저 하얀 찔레꽃뿐이로구나

저 산자락 아래
놀리고 있는 밭주인 행세하는
저 눈처럼 하얀 찔레꽃더미들이구나

칡넝쿨이나 잡목들은
올려다볼 때 내 눈에 들키기라도 하면
낫과 톱 들고 올라가 다 베어버리지만

찔레덤불들은 베어버리기는커녕
온 밭을 다 점령해도 그냥 두는 이유를
저 찔레덤불들은 알고 있다네

늦가을 된서리 오기 전이면 영실주 생각나
빨간 찔레열매더미 더미들 보고 올라와
세전稅錢으로 챙겨간다는 걸

들깨나 심는 수밖에

금년에는 고구마를
오기로라도 꼭 심어
손주들과 함께 캐는 재미 보겠다하여

막상 봄철 돌아와 기껏
고구마 밭 만들고 울타리까지
둘러놓았더니

밀려드는 멧돼지 공포에
그 오기 어디로 사라졌는지
들깨나 심자고 하는 아내

울타리 치고도 두 번이나 당했는데
그 영악한 놈들 어찌 당할 수 있나
놈들 싫어하는 들깨나 심는 수밖에

쑥잎 따고 뽕잎 따느라

작년까지만 해도 이맘때면
친구 데리고 내려와
나물 캐고 뽕잎도 따가던 누님

금년 봄에는
다리가 아파
못 온다는 연락받고

오디라도 실하게 열리게
낫과 톱 가지고 혼자 올라 와
늘어진 가지들 쳐주는데

먼발치에서 올려다본 아내도 올라와
잘라 내린 뽕나무가지에서 뽕잎 따다
놀라 소리치네

어머나! 이 쑥들 좀 봐요!
이 뽕나무 아래 밭이 온통
쑥밭이 되었어요

서울 집으로 떠나려던 우리 두 내외
뽕잎 따다 쑥 따고 쑥 따다 뽕잎 따느라
시간가는 줄 모르네

고만큼의 골탕이라도

그리도 좋아하는
옥수수와 고구마를 심어본 지 오래된 건
고놈의 무서운 멧돼지들 때문

그리도 좋아하는
팥과 넝쿨 콩을 심어본 지 오래된 건
고놈의 얄미운 고라니들 때문

무섭고 꾀 많은 놈들 이겨 낼 수는 없으니
놈들 싫어한다는 그 밭에 들깨나 심어
고만큼의 골탕이라도 먹여주기 위함

고추 줄 매주는데

아내는 매실 따러 매실나무 밑으로 가고
나 혼자 외진 고추밭에서
고추 줄 매주고 있는데

나 혼자 외로워 할까봐
꾀꼬리는 뒷산에서 울어주고
뻐꾸기는 옆 산에서 울어주네

아직 어리고 어린 고추들도
이젠 비바람 불어도 안심 된다는 듯
잎사귀들 살랑살랑 흔들어주네

아내의 고마운 고집

둘러싼 산에서 울어주는
뻐꾸기와 꾀꼬리소리 들으며
고추 줄 매주고 농막으로 돌아오니

아내는 매실을 땄다네
농막 앞 매실나무들 얕은 가지 돌며
굵은 매실들만 골라 땄다네

첫 수확은 아무래도
심어 기른 내가 마실 술을 담가야한다는
아내의 고마운 고집

두 번째 매실 따는 날

두 번째
매실 따는 날
막내아들 내외 내려와 매실 따는데

재작년만하더라도 따라와 재잘대며
소란 떨던 손녀딸과 손자
보이지 않아 서운하지만

어쩌겠는가
이제 학교들 다니느라
바빠서 못 온다는 걸

아이들도 이제
저들 인생 헤엄쳐가느라
바빠서 못 온다는 걸

팔 심는 아내도 못내 허전한지
손주들 뛰놀던 논둑길
내려다보네

오늘은 갑자기 산새라도 되었나

온종일 둘이 밭일을 해도
별로 말이 없던 아내
오늘은 갑자기 산새라도 되었나

매실나무 옆 팥 밭에 팥 씨 심으며
매실 따는 아들 내외와 이야기하느라
목이다 쉬었네

산새들도 자리 비워주러
먼 산으로 가버렸는지
오늘따라 우는 소리 들을 수 없네

두 번째 강낭콩 줄 매주네

두 번째 강낭콩 줄 매주네
어찌나 잘들 자라는지 쓰러질 것 같아
두 번째 강낭콩 줄 매주네

이 산 저 산에서
산새들 울어주네
꾀꼬리 뻐꾸기 산비둘기 노래해주네

이제 한 이십 여일 지나면
산새들 목소리 닮은 알록달록 강낭콩들
소반마다 가득 차겠네

극심한 가뭄

깊은 땅 속조차 고인 물 없어
푸푸 헛바퀴만 돌리다 지쳐
잠시 쉬던 모터

지하의 물 조금이라도 고이면
그나마 끌어올리느라
애쓰는 모습 보고

그만 편히 쉬게
전원을 꺼줄까 하고
둘러보니

저를 어쩌나!
강낭콩 꽃피다말고 시들어가네
고추들 목마르다 아우성들이네

두릅과 미나리

아랫마을
아내의 동갑내기 친구
오랜만에 올라오셨네

남편 병석에 눕자
간병해드리느라
봄 다 지나도록 얼굴보이지 않더니

울타리 콩 씨 한 봉지 들고 올라와
아내에게 건네주며
심어보라네

모처럼 만난 이웃사촌지정
나이도 잊었는지 둘이서 떠들며
아랫마을 산자락으로 사라지더니

한참만에야 돌아온
아내의 바구니에는
방금 따온 두릅과 미나리로 가득하네

연못가 뽕나무

극심한 가뭄에
연못가 산자락 뽕나무 오디
어찌되었을까 궁금하기에

낮으로
무성한 잡초 잘라 길 내며
올라와보니

용하기도하지!
덜 익어 발그레한 얼굴들
잎 사이로 잔뜩 내밀고

그래도 연못가라
아직은 견디고 있으니
한 열흘 있다 따 가라 하네

새벽길의 빗방울

새벽 첫 전철 타러
역으로 걸어가는 두 내외 머리에
스치는가싶은 빗방울에

어라! 비가 오네!
농장에도 비가 내리면
오죽 좋을까

설마 지난 언젠가
폭우가 쏟아져 농장에 내려갔을 때처럼
비 한 방울 안 내린 그때와는 다르겠지

극심한 가뭄 걱정 속에
환승까지 합쳐 시간 반 걸려
농장 전철역에서 내려 둘러보니

길가와 도랑에 흥건히 고인 빗물
아! 고마운 비! 오늘은 밭에 물주는 대신
매실이나 따도 되겠구나

두 번째 고추 줄 매주네

밤새 바람 몹시 불더니
테라스의 화분 고추들 쓰러진 걸 보고
농장 고추들 걱정 되어 새벽차로 내려와 보니

아니나 다를까
백 여리 길 농장에도 바람 불어
전번 한번 줄을 매주었는데도 많이 쓰러졌네

전번에는
고추들 아직 어려
힘들게 엎드려 고춧대에 줄매주었는데

오늘은 그래도 고추들 무릎까지 크게들 자라
의자를 옮겨가며 앉아 매주어도 되니
전번보다 한결 힘이 덜 드네

고추 딸 때까지 두 번은 더 매주어야 하는데
우리네 아가들 자라날 때처럼 그때는
서서도 매줄 수 있을 테니 더 수월해지겠네

매실 따는 날

며칠 전에는
막내아들 내외 내려와
과수원 남쪽 끝자락 매실들 따갔지만

오늘은
우리 두 내외
매실 따는 날

새벽전철로 농장에 도착한 우리 두 내외
농막매실나무 4그루 아래로 가
매실을 따네

낮은 가지 매실들은 서서 따고
중간 가지 매실들은 발돋움해 따고
높은 가지 매실들은 막대로 걸어 따지만

좀 더 높은 가지 매실들은 그냥 둔다네
얼마 안 있어 살구만한 황매실 되면
힘 안 들여도 풀 위에 떨어트려주며

벌레들도 얼씬못하니 내 차지 되어
농막 옆 오지독 속에 들어 가 기다리다가
노란 황매실주 되어 큰 기쁨 준다네

첫 수확 오이 5개

식탁에 올려져있는
싱그러운
오이 두 개

오늘아침 농장에서
다섯 개를 따왔는데 하고
아내에게 물어보니

아들 셋이 왔기에
첫 수확 오이 하도 대견해
맛 보여주었다고

동병상련同病相憐

매실나무 밑에서
매실나무에 기대앉아
매실나무와 이야기 나누네

매실나무야
아직도 잊지 못해 바라보고 있구나
저 남한강 거슬러 산자락 밑 강변집터를

저 강변 집 헐려져 이곳으로 옮겨 온 지도
어느새 20여년이나 흘러갔건만
아직도 잊지 못해 바라보고 있구나

매실나무야
네 나이로 치면 이제 너도 나처럼
많이도 늙었구나

너도 그 나이에 고목이 되어
매실도 열리는 둥 마는 둥하고
나도 힘에 버거워 자주 널 찾아 쉬었다가고

가뜩이나 외로운 매실나무인데

지난 이른 봄 올라와
예쁘게 가지치기 해주고 내려온 후
한 번도 올라와 보지 못하고

그저 먼발치에서나마
하얀 꽃들만 올려다보며
금년에는 많이 열려주겠구나 했는데

이게 웬일!
오늘에야 큰 맘 먹고
장대와 바구니 들고 올라와보니

어느 누가
매실 다 따가고
매실나무 만신창이 해놓았는가

따 가려면 열매나 따가지

왜 가지들 잡아당겨 부러트리고
아프게 휘어놓았는가

이 외딴 산자락 밑에서
홀로 서있는 이 매실나무 한그루
가뜩이나 외로워했는데

풀과의 전쟁

아내는
고추밭 고랑 풀
호미로 뽑아주느라 땀 흘리고

나는
콩밭고랑과 변두리 잡초들
뿌리까지 뽑아주느라 헐떡이고

이거야말로 풀과의 전쟁
죽이지 않으면 고추와 콩
다 죽는 길

오디

새벽 전철로 내려와
열 고랑이나 되는 고추밭 풀 뽑느라
피곤도 할 텐데

산자락 밑
뽕나무 밑으로 올라가
가지를 휘어잡고 오디 따는 아내

나는 알고 있다네
바구니에 따 담고 있는 저 오디들
막내 손자에게 주려는 할미의 마음을

해마다 이맘때 6월 중순이 오면
할미가 따다 줄 오디를
유독 그 손자만 기다린다는 걸

오디를 따다 아범 편에 보내주면
그 막내손자 꼭 할미에게
안 하던 전화도 해준다는 걸

텅 빈 전철에 텅 빈 마음

보지도 듣지도 못하던 메르스가
도대체 무엇이기에

온 나라 온 국민 공포에 잠겨
전철마저 텅 비우게 하나

가뭄 걱정만 해도 견디기 어려운데
나라 경제까지 파국으로 몰고 가는
저 불청객

고령일수록 위험하다지만
그래도 궁금해 농장 내려가는
이 텅 빈 전철에 텅 빈 마음

이렇게 기쁠 수가

새벽
테라스에 놓아둔 그릇에 고인 빗물 보고
기다리던 비가 밤새 내린 걸 알고는

가뭄으로 모종 싹 조차 못 내민 농장에
테라스 텃밭에 물 주어 키운 들깨모종이나
옮겨 심어야겠다는 생각 들어

서둘러 모종 캐들고 전철 타고 내려가면서
또 지난해 어느 날처럼 서울과는 달리
시골농장에는 비한방울 안 내린 건 아닐까

별별 걱정 속에 농장입구에 도착하니
이렇게도 기쁠 수가! 농장에도 비가 내려
타들어가던 밭곡식들 모두 생기가 넘치네

산복사나무(1)

산복사 따네
얕은 가지 높은 가지
어찌 이리 고분고분할까

휘여 늘어트리는 대로
고개들 숙여 어서 따 가라
올망졸망 복사들 내밀어주네

처음에는 함께 심어준대로
다른 나무들처럼 백도 열려 주더니
병들어 가버리던 너 새싹 내밀어

접 부치기 전
네 본연의 산복사로 되돌아온
믿지 못할 기적이룬 산복사나무야

나무팔자도 알 수 없거니와
내 어찌 너를 만나 생각도 못한
산복사 술까지 마시게 하느냐

산복사나무(2)

농막입구에 들어서자
채우지 못한 산복사 술항아리 생각나
산복사나무 밑에 멈추고 올려다보네

나흘 전 따간 산복사들
아직 남았겠지 하고
푸른 잎들 사이사이 들여다보네

옆에 줄지어선 백도나무들보다
오지랖은 얼마나 넓은지
논둑아래까지 뻗어내려

한 바퀴 돌며 대충 세어보니
한 항아리 채울 정도가 아니라
한 항아리 더 채울 만도 하기에

그제야 기분 좋아 말해주네
고맙구나 산복사나무야
내 저 고추밭 김 좀 매고 따러 오마

등 뒤에서
산복사나무 투덜대는 소리 들리네
저런 술 욕심쟁이!

2부

농장의 여름

농막으로 달리는 전철 창문은

농장 다니며
내다보는 전철 차창은
빠르게 달리는 세월의 창문인가

이른 봄에 산에 들에
붉은 진달래 철 알려주며
빨리도 달리더니

얼마 전엔 또 산에 들에
하얀 벚꽃 철 보여주며
빨리도 달리더니

오늘은 어느새 산에 들에
노르께한 밤꽃 철 알려주며
헐떡이며 달려가니

감자 캐는 하지夏至날(1)

감자꽃핀 걸
보았느니 못 보았느니
나누던 이야기 어제 같은데

오늘 둘러보니
기세 좋게 푸르던 감자들
다 널브러졌네

호미 들고 온 아내
몇 포기 캐보더니 소리치네
아! 동글동글 잘도 생겼네!

신기도 하지!
감자 캐는 하지절기 날
감자들 어찌 이리 잘 지킬까

감자 캐는 하지夏至날(2)

감자 심어 기르는
나는 몰라도
감자는 알고 있다네

앞 두럭의
강낭콩들과 키 재기 하며
꽃은 먼저 피우다

어느 날
갑자기 맥 놓고
널부러져 있으면

바로 그 날이
하지를 하루 이틀 앞둔
그 날이라네

세상에 태어나
할 일 다했으니 캐가라는
성취의 몸짓이라네

녹색 물결

애태우던 긴 가뭄 끝
어제 온종일 내린 비로
녹색물결 이루었네

둘러싼 산이며
들판이며 밭들이며
녹색물결 눈부시네

과수원에서 일하는 이내몸도
녹색물결에 휩쓸려
녹색황홀에 취하고

때맞춰 앞산의 꾀꼬리소리
뒷산의 뻐꾸기소리도
녹색물결 더해주네

고로쇠나무들 밑에서

좌우로
19구루나 되는 고로쇠나무들 거느리고
멀찌감치 남한강물 내려다보려니

자식들 거느린 만큼이나
쑥쑥 자라는 손주들 만큼이나
이리도 마음 흡족하구나

지리산 맑은 바람 준다 해서
어린 묘목들 한 다발 사다가
뒷산자락과 콩밭 경계삼아 심고는

혹시나 비바람에 쓰러질까
혹여나 칡넝쿨들에 숨통 막힐까
콩밭 김매러 올 때마다 보살폈는데

어느새 열댓 살의 청춘들로 우뚝 솟아
뒷산자락 거의 다 가려버리고
올 때마다 좌우로 이리 서서 지켜주다니

대견한 고로쇠나무들아 이젠 나이 들어
한해 두어 번밖엔 못 올라와도
만날 때면 이리도 흡족하구나

바퀴달린 농약분무기

바퀴달린
새로 산 농약 분무기 끌고
농장으로 가는 마음 이리도 고마울까

나이 더 해갈수록 힘 버거운 걸 알고
힘 덜어주려 애들 쓰는
농약분무기

처음 60대에는
그래도 힘 남아있는 걸 알고
한말들이 농약 통 짊어지게 하더니

그 다음에는 힘들어지니 반말들이
그다음 더 힘들어지니 반말들이에
긴 호수 늘려 멀리 뿌리게 해주더니

이제 나이 더 들어 힘 더 드는 걸 알고
한말들이에 바퀴까지 달린 걸 끌게 해주니
내 나이 60대로 되돌려준 것 아니겠소

꽉 막혀버린 농막앞 배수로

갑자기 퍼부은
어제 밤 물 폭탄 폭우에
농막 앞 배수로 꽉 막혀버린 걸

하루일 다 끝내고
집으로 돌아갈 때야 알게 되었으니
이를 어쩌나

엎친 데 덮친다더니 내일엔 또
큰 태풍이 다른 폭우를
데리고 온다는데

만일 더 큰비 쏟아져
저 논둑위로 넘쳐흐르면
장씨네 논 다 망칠 텐데

아내여! 우리 오늘
두어 시간만 더 늦게 집에 갑시다
저 꽉 막힌 배수로 뚫어주고

연못물소리

연못가
호박넝쿨에서
애호박 찾고 있을 때

풍덩!
오랜만에 들어보는
연못물소리

감나무 가지 힘에 버거워
감하나 떨어트려
놀란 연못 물소리

얼마만인가 저 소리
긴 가뭄으로 잡초들에게
바닥 빼앗겼던 저 연못

감나무도

이제 잘난 제 몸매
연못물에 비춰 볼 수 있을까

피라미들도 다시 찾아오고
못 본 지 오랜 그 청둥오리 한 쌍도
다시 볼 수 있을까

걱정되는 아내의 과로

첫 전철로 내려와
고추밭 김매준 일만해도 힘에 겨워
막 서울 집으로 떠나려는데

이를 어쩌나
친정동생들 이곳으로 오고 있다는
전화를 받았으니

매실도 따고
뽕잎도 따고
쑥도 캐러 오고 있다고 하니

걱정 되네 아내의 과로
동생들 하도 반가워 함께 돌아치며
과로도 잊을 텐데

집에 돌아가
또 며칠 끙끙 앓고 누우면 어쩌나
밥해줄 기력은 남겨줘야 할 텐데

나이 많아 벌레도 못이기는

땅에 떨어진 자두들
벌레에 먹혀
고운 색깔 다 잃었네

혹시나 하고 장대로
나무 위 자두를 떨어트려보니
절반이나 그런 것 같네

미안하구나 자두나무야
금년 봄에는 가지치기도 못해주고
농약도 비료도 못 주었구나

받는 대로 주는 너나
준대로 받는 나나 피장파장이긴 하지만
나이 많아 벌레 못 이기는 네가 가엾구나

감자 나누는 아내

그저께 하지 날 캐놓은 감자들
농막 앞마당에 내놓고
네 자루에 나누어 넣고 있는 아내

한 자루는 큰 아들네
또 한 자루는 둘째 아들네
또 한 자루는 넷째인 막내 아들네
네 번째 배낭에는 우리 두 내외 몫

동글동글 잘도 생긴 감자 나누며
먼 나라 셋째아들네 보낼 수 없어
아쉬워하는 아내의 얼굴표정

닭 한 마리

아들이
농막 옆 간이 정자
갈라진 바닥 시멘트로 발라주고

감자 싣고 집에 함께 도착하자
서둘러 삶아 내놓는
식탁위의 닭 한 마리

지천명知天命나이 아들 농장에서
힘들게 일한 게 안쓰러워
피곤도 잊은 어미 마음

아내의 모성애가

아내의 모성애가
넷이 옮기던 이 무거운 탁상 셋을
둘이서 옮기는데 성공하다니

며칠 전 두 아들 내려와
갈라진 간이 정자 바닥 메우느라
마당으로 내놓았던 식탁과 의자들

다음 일요일 내려와
옮겨주겠다 약속들 했는데
바쁜 아들들 왜 오라 하냐고

엄두도 못내는 남편 소매 끌어
모서리 둘이 들어 천천히 옮겨가며
결국 제자리 찾아주다니

아내와 강낭콩

고추밭에서
잡초들 뽑아주고 땀 좀 식히려
농막으로 들어서니

아내도 어느새 강낭콩 밭에서
강낭콩꼬투리 한바구니 따들고
농막으로 들어서네

땀 식히고 또 고추 밭으로 가서
영양제 한참 뿌리고 땀 좀 식히려
농막으로 들어서니

아내도 어느새 농막 탁상 위
서 너 개나 되는 쟁반을
알록달록 강낭콩으로 가득 채웠네

복사나무와 산딸기

돌볼 수 없는
외진 곳 복사나무 한 그루
먼발치에서 이상하게 보이기에

풀 깎던 낫 든 채로 가서 보니
온몸이 칡넝쿨로 칭칭 감겨
숨넘어가네

인정사정없이
잘라내고 뿌리까지 뽑아버리니
칡넝쿨에 가려졌던 산딸기더미들

아하! 기특한 복사나무!
살려준 고마움으로
산딸기 술까지 선물해주는구나

오가피와 뽕잎

단오도 벌써
한 열흘이나 지났으니
오늘은 꼭 따야하는 날

전에는 하루 걸리던 일
이젠 이력이 쌓여
두어 시간이면 끝낼 일

가지치기도 할 겸
도랑가 뽕나무와 오가피가지 잘라
그 옆 매실나무 그늘로 옮겨 놓고

아내는 뽕잎 따 아내 배낭에 넣고
나는 오가피 잎 따 내 배낭에 넣으면
금방 두 내외 배낭은 배들이 뽈록 뽈록

아내도 장마철 알고

둘러싼 산에
제 철 알고 찾아온
꾀꼬리 뻐꾸기 울어주고

강낭콩도 제 철 알고
서둘러 꼬투리들
누런 옷으로 바꿔 입네

어찌 저들만 제 철 알까
아내도 장마철 알고
강낭콩 꼬투리 따주네

고마운 이웃 젊은이

이를 어쩌나!
타들어가는 밭에 물 좀 주려니
차단기가 거부하니

이 무더운 날 이 외진 곳에서
밭작물도 걱정이지만
두 내외 물 없이 어찌 견디나

결국 아내가 앞세우고
올라온 이웃 젊은이 이리저리
살펴보더니

도랑가 다래나무가 주범이었다며
들고 온 도구로 마무리 짓고 나서
전기 스위치를 올려주니

농막 식탁 위 선풍기 쌩쌩 돌아가네
막혔던 지하수도 펑펑 솟구쳐 오르네
이리도 고마울 수가! 이웃 젊은이!

누가 깎아주었을까

그 누가 이렇게
말끔하게 깎아주었을까
무릎까지 자란 잡초들을

농막으로 들어가는
이 긴 길이며
농막 앞마당까지

그때 농막으로
손 흔들어주며 올라오는
옆집 젊은이

아하! 저 젊은이로구나
그제 전기 고쳐주어
점심이나 사들라 사례했더니만

고마운 젊은이!
내가 깎으려면 하루나 걸리고
며칠이나 끙끙 앓아누울 텐데

아! 크다 아! 예쁘다 말문 터졌네

일 년 만에 얼굴 보여주고
집에서는 단 하루 밤밖엔 못 자고
또 영국지사로 이른 새벽 떠나는 아들

전송도 할 겸
궁금했던 농장으로 내려가기로 하고
아들과 함께 전철역으로 가네

집에서 가까운 전철역까지
아들 손잡고 이야기 나누던 아내는
아들과 아쉬운 작별을 하고나서부터

농막에 도착할 때까지 두어 시간
말 한 마디 없이
아들만 생각하다가

농장에 이르러
그간 자란 오이 호박 가지 등 따면서야
아! 크다 아! 예쁘다 말문 터졌네

이구동성異口同聲

늦어도
삼사일에는 한번
내려오던 농장

이번엔
칠 일만에 내려와
이 밭 저 밭 둘러보던 두 내외

이구동성異口同聲
애호박 어른 호박 되었네
새끼오이 늙은 오이 되었네

복사들 목욕시켜주는 날

방금 따온 백도복사들
지하수 물탱크에 넣고
목욕시켜주네

올망졸망 복사들
펑펑 솟구쳐 내리는 굵은 물줄기에
둥둥 떴다 가라앉았다 난리들 났네

긴 막대솔로 휘휘 저어주니
잔뜩 끼었던 먼지며 숨었던 벌레들
앞 도랑으로 콸콸 씻겨 흐르네

못났던 복사들 어찌 이리 예쁠까
발그레 수즙은 얼굴들
심심산골 산처녀 같네

오늘은
우리 내외 복사잔치 벌이는 날
복사들 깨끗이 씻어 나누어 주는 날

철조망 울타리 문

어쩌나 저 두 개의 울타리 문
나일론 망사로 만든 어설픈 저문
지난 겨우내 다 망가졌으니

엊그제 심은
강낭콩 감자 싹들 벌써 내밀고
모래는 채소 모종들 심어야하는데

또 미워지는 고라니들
또 제 세상 만났다 들락거리며
다 망쳐 놓을 텐데

언 듯 생각나는 철조망
전노인 관리인으로 일하고 있을 때
강아지 울타리로 쓰던 그 철조망

철조망 옮겨다 울타리 문 만드네
30년 가까운 세월 술잔 나누던
전노인 생각나네

서운 했던가 오늘 아침

심어놓고 밭일 할 때면
하루도 몇 번이고 오가면서도
눈 길 한번 주지 못했더니

서운 했던가 오늘아침
푸른 덤불 뒤덮은 노란 여주 꽃
화들짝 놀래주네

미안한 생각 들어
손길이라도 한 번 주려
꽃 덤불 헤쳐 보니

또 한 번 놀래주네
고소한 향기 속 뿔 달린
도깨비방망이 닮은 노란여주들

참 착한 아가씨

방금 새로 샀다는
머리 긁는 기구 저리도 맘에 드는지
제 머리에 얹어 긁으며 깔깔 웃던 아가씨

옆에서 쳐다보며 궁금해 하는
어느 백발할머니 머리에 얹어 긁어주니
그 할머니도 깔깔 웃으며 주름 펴고

옆에 있던 내 아내에게도
머리에 얹어 긁어주니
내 아내도 하하 웃으며 주름 펴게 해주더니

그 옆에서 덩달아 허허 웃던 나에게도
해드릴까요 묻는 말에
손사래 치면서 들려 준 말

참! 착한 아가씨로군
머리 긁어주는 기구가 아니라
노인들 웃겨주고 주름 펴주는 천사로군

부채

농장으로 가는
첫 전철 기다리며
승강장 계단구석에 앉아

새벽인데도 하도 무더워
모자 벗어 흔들어
땀 식힐 때

계단 내려오던 어느 중년부인
부치며 내려오던 부채
건네주며

할아버지!
이 부채로 쓰세요 말해줄 때
얼떨결에 받아들며

고마운 마음 그지없긴 하지만
할아버지란 말은 어찌 이리
서운할까

장마 대비(1)

산새들 저리들
호들갑 떨며 지절대니
장마 대비하고 있는 거야

우리
두 내외라고
별 수 있나

아내는
긴 장마에 강낭콩 곯을까
익은 강낭콩 꼬투리 따고

나는
긴 장마에 농막 앞 도랑 넘칠까
막힌 도랑 삽과 괭이로 쳐주네

장마 대비(2)

어쩌면 이리도
일기예보 적중할까
장맛비 장대 빗줄기로 쏟아지네

아내는
어제 따온 강낭콩 꼬투리 까며
어제 잘 다녀왔다 안도하고

나는 어두컴컴한 빗줄기 내다보며
어제 길 내주고 온 농막 앞도랑
콸콸 흘러내리는 물소리 듣네

오죽하면 저 땡볕에서

내가 오전에 올라가
나일론 울타리 다 둘러치고
철사 줄로도 겹쳐 둘러쌌는데

가보고 온다던 아내 저 땡볕에서
뭘 하고 있는 건가
올라와보니

문이 허술해서
멧돼지 들어갈까
각목으로 보강해주고 있다고

아니 평생
못 한번 박아 본 일 없는 아내가
목수 행세까지 하다니

하기야 얼마나 멧돼지 미우면 저럴까
몽땅 빼앗긴 지 3년 만에
오기로 다시 심어본 고구마인데

빨간 나일론 테이프(1)

빨간 나일론 테이프를
왜 사가느냐고요?

호미에 긴 이름표 달아 주려구요
낫이랑 가위에도 달아주고요

밭고랑에서 풀 뽑고 베어나갈 때
풀 속에서 길을 잃어버려요

우쩍 우쩍 자라는 풀들이
저들 벤다고 숨겨버려요

몸집 큰 괭이나 삽은 못 숨겨도
작은 몸집들은 깔보며 앙갚음해요

나이 많아 건망증 심하단 말도
듣지 않으려구요

빨간 나일론 테이프(2)

며칠 전 산 것도 농장에 남았는데
왜 또 한 묶음이나 더 사느냐구요?

멧돼지와 고라니에게 겁주어
울타리 안 못 들어오게 하려구요

나일론 울타리도 쳤고 또 그 아래위에
철사 줄로도 뺑 둘러 쳤지만

그래도 안심이 안 되어
이 빨간 나일론 테이프로 서너 번 둘러쳐

너풀거리는 이 빨간 색깔 보고
무서워라 도망치게 하려구요

그 옛날 어렸을 적 성황당 지날 때면
울긋불긋 천 조각들 보면 무서웠지요

가는지 마는지 덤덤한 마음

농장 가는 길은 언제나
가슴 설렜는데

오늘은 가슴설레기는커녕
가는지 마는지 덤덤한 마음

엊그제 열흘 만에 가던 농장 길은
두 손수레는 따리라 가슴 설렜지만

고작 서른 개의 병든 고추보고 받은
그때 마음의 상처 아직도 아물지 않아

오늘 고추 따러 가는 농장 길은
가는지 마는지 덤덤한 마음

가을까지 걱정 미리 덜어주어

이럴 수가
결국 또 당했구나
3년 만에 오기로 심었던 고구마

며칠 만에 올라와보니
울타리버덤대 엿가락처럼 아니
손가락 마디처럼 구부려놓고 들어와

고구마 밭 다 뒤집어 엎어버렸네
가을에나 캐야할 고구마 7월에
여물기도 전에 사라졌네

그 얼마나 정성 다 쏟았는데
나일론 울타리에 철사 줄에
또 겁주려 빨간 테이프에

어디 그뿐인가 그 바쁜데도 올라와
풀 뽑아주랴 지하수 끌어 물 주랴
땡볕에 각목까지 끌어다 막아주랴

그나저나 걱정이네
이번 가을 고구마 캐러 가자 손자들에게
약속 받아놓은 아내 얼마나 실망할까

아내에게 말해주려네
가을까지 두 달이나 해야 할 멧돼지 걱정
이젠 없어져 맘 편치 않느냐고

연못가 감나무

이어지는 극심한 가뭄에
지하수 끌어올려 밭에다 물주다
연못가 감나무 그늘에 앉아 쉬면서

밭에도 모자라는 물
감나무에겐 줄 수 없어 미안해 하며
쩍쩍 갈라진 연못바닥 내려다보면

감나무도 알고 있다네
물 못 주어 미안해하는
내 마음을

가을이면 어른 주먹만 한 노란 감들
대여섯 접이나 내려주는 감나무
잘못되면 어쩌나 걱정하는 마음도

그리고 안심시켜준다네
자기 몸체와 키만큼 자기 뿌리도
연못 깊이보다 더 깊어 걱정 없다고

바람 한 점 없는 데도

바람 한 점 없는데도
몸 흔들어 대는 걸보니
분명 고맙다 인사 보내는 것이네

서너 시간이나 땀범벅
잡초 뽑아주고 벗어나 땀 식히면서
올려다보는 나에게

저 밭이랑에 줄선
키다리수수와 꼬마 조들
분명 고맙다 인사 보내는 것이네

반씩만이라도 남겨줘도

하필이면 뚫어놓은
고라니 비밀통로 찾아내
열불 올리며 철사줄로 막고 있는데

고라니 한 마리 산 쪽에서 나타나
아랫마을로 내려달리다가
다시 산 쪽으로 치달리더니

잠시 후 이번에는 두 마리가
먼발치 산자락 달리다가
산속으로 사라지네

웬일일까 좀처럼 눈에 띄지 않고
산속에서만 숨어 엿보다가
우리 내외 떠나면 내려오는 놈들이

아하! 알만도 하구나
맘놓고 즐기던 비밀통로 막는 걸 보고
제 짝에게 보여주며 걱정한다는 걸

깨소금 맛이로구나 놈들아!
그러게 내가 늘 소리치지 않더냐
반씩만 남겨줘도 이리 모질지 않겠다고

하얀 배꽃이라도 피어

그래도 봄이면
하얀 배꽃이라도 피어주기에
내 꽃 식구로 여기고 지내오면서

배 맛이란
한 번도 보여주지 못해도
서운해 한적 없지만

배나무야
오늘따라 알고 싶구나
어찌 배나무가 배를 못 키우느냐

꽃 지운 자리엔
다닥다닥 열리건만
왜 키우지 못하고 다 벌레에게 먹히느냐

솎아도 주고 고깔도 씌워주고
비료도 주고 가지치기도 해주고
해줄 정성 다 쏟아주건만

배나무야
아랫마을 김 노인 말대로
네 맞은편 저 키 큰 두 향나무 때문이냐

수수 키가 너무 커서

허리까지 자란 잡초들
뿌리 채 뽑아주고 보니
먼발치에서 보던 키보다 두 배는 더 크구나

어쩌면 좀 더 자라
내 키 보다 두 배나 크면
어떻게 망을 씌워 주나

수수 심어봤자
산새들 먹잇감인데 왜 심느냐는 아내 말에
망으로 이삭 가려 주겠다 했는데

어쩌겠는가
이삭 여물기 전에
사다리라도 놓고 약속은 지켜야지

고추 따러 가는 길

고추 따러가는 아내 얼굴
왜 저리 밝지 못한지
나는 알고 있다네

더구나 며칠째 계속 되는
폭염주의보 위험하다고
막내아들까지 함께 가주는데도

전번에 가서 본
시커멓게 병든 고추들
눈앞에 아른거리기 때문이네

동생네 고추들 탄저병에 걸려
다 뽑아버렸다는 전화소리 아직도
귓가에 쟁쟁거리기 때문이네

고추밭이 빨개요!

막내 아들차가
농막 입구에 들어서자
옆 좌석에 앉아있던 아내가 소리치네

어머나! 저 고추밭 좀 봐요!
온통 빨개요!
다 곯아 시커멀 줄 알았는데!

아내와 아들
농막에서 손 구루마 끌어다놓고
바구니 들고 고추밭으로 들어가고

나는 나대로
낫 들고 잡초들 베어가며 부지런히
호박이며 오이 가지 참외 따네

오늘도 폭염 경보 내려있으니
빨리 끝내고 돌아가자는 아들 성화에
서둘러 내 할 일 하면서도

계속 머리를 갸우뚱거리네
빨간 고추밭 바라보며 중얼대네
알다가도 모를 일! 고추가 우릴 홀렸나!

농장에서 돌아오는 길에

주유소에 이르러
주유를 하려는데
갑자기 머리가 어지럽고 목마르다는 아내

폭염 경보까지 내린 이 무더운 날
숨 막히는 고추밭고랑 속에서
서너 시간이나 고추를 따 더위 먹은 게 아닐까

아내도 나처럼 덜컥 겁이 났는지
얼른 주유소 안으로 들어가 물 한잔 마시고
아들 부축 받으며 힘없이 걸어 나오네

고마워지는 아들
오늘 새벽 아들 안 와주었으면 어쩔 뻔 했나
선견지명의 아들 대견스럽기도 하구나

새벽 전철역에서

새벽 전철역으로
함께 걸어가는 아내
오늘은 왜 저리도 힘들어하나

농장 가는 전날 밤이면
어릴 적 소풍갈 때처럼 설렌다 하더니
어제 밤에도 밤잠 설쳤나

걱정하며 뒤따라
전철역 승강장에 이르렀을 때야
마음 놓였네

어느 노파를 만나 서로 손 마주잡고
이야기 나누는 아내의 얼굴에서
비로소 웃음꽃을 보았기 때문

새벽 전철 이맘때면 만나
친언니처럼 반가워하던 그 노파를
지난 초봄 이래 오늘 처음 만난 것이네

서로의 얼굴은 볼 수 없지만

농장에 이르러
전보다도 더 빨간 고추밭 보고
우리 두 내외 놀라네

난 저쪽부터 따 올 테니
당신은 이쪽부터 따와요 말하며
저쪽 고랑으로 사라지는 아내

무성한 고추숲속에서
서로 떨어져 고추 따는 두 내외
서로의 모습은 볼 수 없지만

서로 듣는 말은 똑 같다네
아! 고추들 참 잘도 생겼네!
이런 고추 풍년 처음이네!

걱정도 팔자

서너 시간 걸려
두 손수레 가득 딴 고추
농막 앞마당에 물기 말리느라 널어놓고

아내는 전과 달리
세 아들 중 누가 내려와
싣고가자 전화하자 하고

나는 오늘따라 달리
바쁜 아들들 왜 오라고 하나
남는 고추 농막에 널어놓고 가자 하고

이거야 원 참!
적어도 걱정, 많아도 걱정
사서하는 두 내외 고생도 팔자소관

고라니 때문에

두 손수레나 되는
고추를 다듬고 있는 아내를
도와주어야 할 텐데 그럴 수가 없네

아침나절 고추 딸 때 아내가 발견한
고라니가 뚫다 만 저 울타리 구멍
우선 막아야하네

요놈들 지금도
저 산자락 어디선가 우리 두 내외
이 농장 떠나기를 기다리고 있다가

우리 떠나는 걸 보면 즉시 내려와
뚫다 만 저 구멍마저 뚫고 들어와
먹다 만 팥 순들마저 치워버릴 테니

어쩌겠는가
고추 다듬는 일은 아내에게 맡기고
난 울타리 먼저 단단히 막는 수밖에

천동 번개 소낙비

우르르 꽈꽝 번쩍
천동 번개 치네
소낙비 쏟아지네

내려 쏟는 전철 승강장
지붕 위 소낙비 소리
요란도하네

웬일인가
그리도 무서워하던 아내
오늘은 겁 없는 얼굴이네

우리 내외
고추 따고 승강장 오기까지 기다려준
저 천동번개소낙비 고맙다하네

널어놓고 온 고추 걱정

너무 많이 딴 고추
반 이상이나 농막방과 창고에
널어놓고 온 고추

다 곯았을 거야
아냐 산자락에다 나무들 뒤덮어
시원해서 괜찮을 거야

나 어린 자식이라도
외진 산골에 두고 온 듯
마주치면 걱정하던 두 내외

오늘에야 농장으로 가네
3일 연휴로 전철 만원일까 못가다
오늘에야 고추 만나러 가네

멀쩡한 고추들

고추들 걱정에
밤잠 설치다
새벽 첫 전철로 도착한 농장

농막 간이 정자 탁상 위에
메고 온 배낭들 내려놓자마자
두 내외 서로 건네는 말 한마디 없이

아내는
농막 방으로 들어가
방바닥의 고추들 마당으로 옮기고

남편은
농막창고로 들어가
널어놓은 고추 마당으로 끌어내고

한참을 들여다보던 두 내외 이구동성
야! 다들 견뎌주었구나!
고맙구나 고마워!

기쁘기는커녕

조용하던
우리 두 내외 살고 있는 집
요즈음엔 온통 붉은 고추들 세상

건너 방 전기건조기 속에도
마루 위에도 베란다에도
테라스에도 옥상에도

20여 년 심어 기른 고추라야
한해 고추모종 150여 그루뿐이지만
처음으로 찾아준 고추 풍년

하지만 기쁘기는커녕
고추 말리느라 애쓰는 아내를 보면
꼴도 보기 싫은 고추들

먼동이 터오는 새벽부터
온 집안 들락날락 오르락내리락
정신없는 아내

무녀들에게처럼
혹시 고추 신이라도 내렸나
햇볕 내려달라 빌고 또 빌고 있으니

고추밭 속에서 노래 소리가

아내가 고추 따러 들어간
고추밭숲속에서
무슨 소리가 들리는 것만 같아

처음에는
둘러싼 산골짜기에서
산새들 조잘대는 소리겠지 흘려보내다

아무래도 이상해 토마토 따러 가는 길
잡초 베던 손 멈추고
가만히 들어보니

아내의 흥얼거리는 노래 소리였네
두고 갔던 고추들 멀쩡한 게 저리도 좋아
고추 따며 부르는 아내의 노래 소리였네

큰며느리와 늙은 애호박

큰아들 내외 차 몰고 와
우리 두 내외 새벽 전철로 내려와서
걷어 들인 채소들 차에 실고 있을 때

어머니! 이 호박들 실어야지요 하고
부뚜막에 놓여있는 커다란 호박들 보고
며느리가 시어미에게 물어보니

아니다 버리고 갈 꺼다
애호박이 너무 늙어 맛이 없단다
너무 바빠 못 땄더니 그렇게 늙었구나

이말 들은 며느리
아니 왜 버려요 이리도 잘생긴 호박을
저 주세요 만두나 전 부치게요

옆에서 듣고 있던 시아버지
혼자 머리를 끄덕이며 맘속으로
앞으로도 걱정 없겠구나 우리 큰며느리

종아리 쥐

참말로
이상도하구나
종아리 쥐야

나이 많이 들고부터는
농장에 내려가 과로한 날이면
밤마다 찾아와

두어 번씩이나
무서운 기세로 단잠 깨워
주물러주어 달래야했는데

그저께와 어제
이틀이나 연이여 내려가
고된 밭갈이하고 왔는데

어쩐 일이냐
이틀 밤 다 아무 일 없이
단숨으로 단잠자게 놓아주었으니

혹시나 내년부터는 더 힘들어
농사일 그만둘 낌새 채고
더 시켜보려는 꼼수는 아니냐

김장무 배추 심을 밭 갈러 가네

고추말리기에 매달려
날짜 가는 것도 잊고 있다가
벌써 무 배추 심었다는 동생 전화 받고

우리 두 내외 오늘아침
어느 밭을 갈아엎나 이야기 나누며
첫 전철 타고 농장으로 가네

농장으로 내려가는 우리 두 내외
오늘따라 마음이 편하기만 한 것은
고추말리기도 이제 끝나가기 때문이네

농장이 무엇이기에!

농장 갈 준비에 바쁘던
이른 새벽 4시 반
갑작스레 귀청 째지는 화재경보음

온건물이 불길 속에라도 휩싸인 듯
혼비백산 5층에서 1층 현관까지
허둥지둥 뛰어 내려가

벽에 부착된 경보기 들여다보더니
스위치 눌러 경보음 멈추게 하고는
온건물 돌아보며 점검하는 아내

전에도 오작동 한번 있었다는 말에
아내는 덜 놀랬구나 안심됐지만
처음 당한 나는 얼마나 놀랐는지

아내여! 도대체 농장이 무엇이기에
놀란 가슴 아직 두근두근 거리는데
첫차 놓친다고 이리 재촉 심한가요

산수유 가지에 핀 여주꽃

농막 입구에 들어설 때
아내가 소리치네
저 여주 꽃 좀 봐요! 산수유 가지 위에!

얼기설기 엮어준 제집 뒤덮고
산수유 가지까지 기어올라
제집인양 노란 꽃피운 여주 덤불

그뿐인가 발돋움해도 못 딸
도깨비 방망이처럼 생긴 황금빛 여주도
대롱대롱 매달아 놀려대니

달갑지 않은 고추

노란 여주 꽃 마중에 즐겁던 아내
고추밭에 이르러 고추밭 보자
이번엔 기겁을 해 소리치네

저 고추밭 좀 봐요
또 빨개요
전번보다 더 많아요

아내의 얼굴 보니 달갑지 않네
열흘이나 쪼개고 말리느라 혼났는데
그보다 더 많은 고추라니

참 이상도하지
걸어서 30분 거리 동생네 고추는
탄저병에 걸려 다 뽑아버렸다는데

많아도 걱정
적어도 걱정
그래서 인생이란 걱정 속의 역정이던가

오늘도 과로 했네

아내는 달갑지 않은 고추 따고
나는 고라니가 망쳐놓은 팥 밭
뒤집어엎어 무 배추밭 만들면서

불편한 마음으로 일해 그런가
아내도 몹시 피곤해 보이고
나또한 맥을 못 추겠네

아내가 꾸려놓은
나의 손수레 가방도 고추로 가득
아내의 손수레도 고추로 가득

생각 끝에 아들에게 전화를 하네
집근처 역에 도착해서 전화 걸 테니
차 가지고 나와 달라고

옆에서 듣고 있던 아내도
오늘은 몹시도 피곤한지 마다않고
안도의 표정 지어보이네

팥 밭 뒤집어엎고

배추 심을 밭을
어디로 할까 이리저리
둘러보다가

고라니가 울타리 뚫고 들어와
꽃피기 시작한 잎들 다 먹어치운
팥 밭을 들여다보니

설마 반타작이라도 하겠지 기대했건만
하도 맛좋아 침독이라도 흘렸는가
새잎들 돋아날 기색 전연 보이지 않네

어쩌겠는가
기다린 게 아깝지만 팥 밭 뒤집어엎고
무 배추 밭으로 만드는 수밖에

삽과 괭이로 밭 뒤집어 엎으며 생각하네
반씩이라도 나누자고 협상하자면
기꺼이 응해주련만

작은 밭뙈기 댓 개라 얕보고

작은 밭뙈기 댓 개라 얕보고
도와주겠다는 아내더러
산미나리나 캐라 선심써주고

혼자 밭갈이 시작하는데
어찌 알았겠는가
이 밭뙈기들 이리 힘들게 할 줄

그새 우쩍 자란 잡초들 뽑아내랴
쇠스랑에 걸린 돌 뽑아내랴
이랑고랑 모양 내주랴

하도 힘들어 더는 못 참고
도와줄 아내 찾아 두리번거려도
나물 캐는 아내 보이지 않아

결국 오늘도
과로하지 말자 다짐했던
스스로의 약속 지켜내지 못 했네

무 배추 심으러 가는 길

도와주겠다고 온
막내아들과 우리 두 내외
무 배추 심으러 가네

농장으로 가는 차 안에는
모자간의 이야기꽃 한창이네
불혹 중반의 아들도 어린아이로 돌아가네

아들은
어머니가 심어 기른 무 배추라 그런지
우리 김치 맛이 제일이라고

아내는
올해는 고춧가루 더 살 걱정은 없지만
네 아들네 김장고추 말리느라 혼났다느니

우리 두 내외
전철 타고 갈 때는 별말 없던 아내
아들과 함께 가는 농장 길엔 말도 많다네

무 배추 심었네

농장에 내려오는 길에
단골 모종 집에 들러 사온
배추모종과 무씨를 심었네

농장에 도착하자마자 나는
3일전 갈아엎고 퇴비뿌리고 간 밭
쇠스랑으로 고르게 다듬어주니

아들은 뒤따라오며
막대로 간격 맞춰 구멍 뚫고 물 주며
모종 하나씩 떨어트려 놓으면

아내는
모종을 제 집에 넣어주고
호미로 흙 덮어 다져주고

우리 세 식구 손발이 척척 맞으니
두어 시간 만에 할 일 마무리하고
벌써 서울 집 떠날 준비 한창이네

참 바쁜 우리 세 식구

우리 세 식구
무 배추 심는 일 끝내고나서
아내가 아들 데리고 짐 꾸리는 동안

나는 또
낫으로 풀 베가며
할 일이 남았다네

가지 밭으로 가서 가지를 따야하네
오이넝쿨로 가서 오이를 따야하네
호박 밭으로 가서 호박도 따야하네

아들 차 온 김에 싣고가
며칠 후 우리 두 내외 짐
덜어야하지 않겠나

잡초들이 참외들 눈을 가려

참외는
제 철 지났으니
참외 밭 갈아엎고

그 자리에
모자라는 무와 갓 씨를 심자는
아내 말에

낫과 호미와 쇠스랑 들고
참외밭에 이르러보니
놀래라! 잡초들이 참외밭 삼켜버렸네

차분히
잡초들과 가시덤불들 베고 뽑고 나니
올망졸망 푸른 얼굴들 내미는 참외들

어쩌나!
고약한 잡초와 덤불들 참외 눈 가려
제철도 잊게 했으니

소심한 행복

신통도 하구나
예쁘기도 하구나

우리 내외 엊그제 내려와
풀 뽑고 밭 갈고 심은 무씨들
심어준 데로 얼굴들 내밀었구나

두 줄 세로로 나란히
서너 싹 씩 옹기종기
녹색 무밭 이루어가는구나

들여다보면 볼수록
온몸을 휘감아 도는 기쁨의 물결
이런 게 바로 소심한 행복인가

찜통 더위(1)

어찌된 일인가
두 아들 전화로 야단들이네
폭염경보인데 어찌 농장에 내려갔냐고

저마다 차 몰고
농장에 내려와 모셔가겠다고
아들들 걱정 이만저만 아니니

두 내외 덜컥 겁이나 배낭 꾸려
더 덥기 전 서울 집으로 떠날 준비하며
이야기 나누네

아침나절이라 더운 줄 몰랐나
고추 오이 호박 따고 콩밭 김매주고
농막앞길 잡초까지 다 베어줬는데

첫 전철 안은 시원해서 몰랐고
일하며 오가다 지하수로 몸 식히며
둘러싼 저 푸른 수목들 때문에 몰랐나

찜통 더위(2)

아들들 걱정도 있고
또 할 일도 끝냈고 하여
부랴부랴 배낭 챙겨 둘러메고

계곡숲속 농막 벗어나
그늘 없는 길에 나서니
그제야 놀래는 우리 두 내외

내려쬐는 이글거리는 태양에
눈앞에 가물가물 아지랑이 끼고
불가마 스치듯 화끈거리는 얼굴

오전 열한시 반에 이러하니
조금 더 있으면 큰일 날 뻔 했구나
이제야 이해되는 아들들 걱정

하지만
우리 두 내외 걱정 없네
불러놓은 택시 금방 올 테고

이 분이면 도착하는 전철역에서
시원한 전철타면 한 시간 반 만에
집에 도착할 수 있으니까

안달이 나는 걸

젊어서 애쓴 보람 부족함이 없는데
왜 늙어서도 힘든 농사 끈에 묶여
헤어나질 못하느냐 묻고는 하지만

어찌 하겠는가
정 때문인 걸
자연과 주고받는 사랑 때문인 걸

주중 며칠이라도 건너뛰면
우리 두 내외 농장이 궁금해서
안달이 나는 걸

자그마한 농막 언제나 기다려주고
심어 기른 나무들 손짓해 불러주고
과일이며 채소 곡식들 언제나 새롭고

나이 들어서야
이런 행복 누리고보니
짧아지는 앞날이 안쓰러울 뿐이니

여주의 모성애

그것도 새끼들이라고
눈 뜨고도 찾지 못하게
잎으로 꼭꼭 숨겨 길러

눈 감고
덤불속을 손으로 더듬어야
만져 볼 수 있다니

하지만 다 키워 때 되면
노란색으로 물들어 따 가라
보여주는 여주의 모성애

소낙비

창문을 활짝 열어 젖히고
소낙비 마중 하네
소낙비 소리 듣네

늘그막 농사일 하고부터야
저렇게 고마운 소낙비 모습 볼 수 있네
저렇게 고운 소낙비노래 들을 수 있네

3부

농장의 가을

오늘따라 차창 밖 강물이

오늘따라
농장 가는 차창 밖 저 강물
유난히도 푸르고 눈부시네

지난날
추억의 낚시터들
눈길 끌며 흘러가네

젊은 시절
저 강가 이곳저곳에서
밤낚시도 즐겼는데

그때 그 나이 어린 아들들
지천명 요즘 나이에도 애비 닮아
자식들 데리고 낚시 다닌다는데

가을이 다가와 그런가
농장 가는 차창 밖 저 강물
추억의 가을낚시 불러주네

강변집 낚시터

새벽에는
전철 창밖으로 한강이
지난날 추억의 낚시터 보여주더니

이 아침 나절 알밤 주울 때는
밤나무사이 저 아래 남한강 물이
지난 날 추억의 강변집터 보여주네

저 앞강 가에서는 낚시하고
저 뒷산에서는 알밤 줍던
추억의 얼굴들 불러주네

강다리 생겨 헐려진 저 강변집터
주중에 내려오시어 텃밭 가꾸시던
부모님 새삼 그리워지네

사업밖에는 모르던 이 아들에게
자연과 함께 사는 즐거움 가르쳐 주시어
뒤잇게 해주신 부모님 그리워지네

알밤

농막에 도착하자마자
아내는 고추 따러
고추밭으로 가는데

뒤따라 가려다
며칠 전 알밤 몇 알 줍던 생각나
방향 바꿔 그 밤나무 밑으로 가보니

밤나무 밑에는
붉은 알밤들이 예저기 널려져
나를 놀라게 했네

설레는 마음으로 줍고 또 주워도
풀섶 헤치면 그 속에
또 숨어있었네

고추 따다 남편 보이지 않자
농막으로 들어선 아내
탁상 위의 알밤들 보고 놀라

나도 불러 같이 줍지요 하며
가리켜준 밤나무 밑으로
혼자 뛰어가네

수수망網

수수 이삭에
아내가 건네 준
수수 망을 씌워주네

심어봤자
산새들 먹이 될 텐데
왜 심느냐는 아내 말에

망을 씌워
수수이삭 지켜주겠다는 약속대로
수수 망을 씌워주네

처음 해보는 일이라
하도 키가 커서 사다리로 올라가
망을 씌워주려 했으나

키 큰 수수들
고분고분 허리 굽혀 망 쓰고는
사뿐히 제 자리로 솟구쳐 오르네

빨간 얼굴
파랑 얼굴
노랑 얼굴

산새들 놀라 도망들 치겠네
수수도깨비들인 줄 알고
어마! 무서워라 줄행랑치겠네

화풀이

썬 글라스 잃은 화풀이
호박밭 뒤덮은 가시덤불에게
뒤범벅 땀으로 풀어버렸네

해마다
돌보지 않아도 제풀에 잘들 자라
올해에도 그러려니 했는데

막상 오늘 와보니 이게 웬일!
노란 호박꽃은커녕 호박잎도
서너 군데 뜨문뜨문 보일뿐

가만히 들여다보니
호박넝쿨들 목조여 숨통 막은
저 무서운 번식력의 소유자 환상 덤불

네놈들! 오늘 나한테 잘 걸렸다!
낫과 호미 들고 가 토벌 시작했네
얽힌 줄기 잘라내고 뿌리 채 뽑아내어

몇 포기 남은 호박넝쿨 숨 쉬게 하느라
온몸이 땀범벅 되도록 화풀이 하고서야
잃어버린 썬 글라스 아주 잊어버렸네

잃어버린 썬글라스

어디다 놓고 왔을까 내 썬 글라스
다녀 온 데라고는 저 밤나무 밑과
저 고추밭과 여주 덤불밖엔 없는데

밤나무 밑으로 다시 가서
풀섶 헤쳐 가며 찾아보아도
찾을 수 없네

고추밭 고랑으로 들어가
고추들 양옆으로 헤쳐 가며 찾아도
눈에 띄어 주지 않네

여주덤불로 가서
어느 가지에 걸어놓았나 주변 살펴도
벌들만 덤벼드네

애쓰고 기른 것 다 줍고 따간다고
밤나무나 고추들과 여주 덤불 중
어느 것이 심술부려 숨겼을까

다가서는 가을 냄새에

농막 간이 정자지붕에
뭔가 툭! 하고
떨어지는 소리

설마 벌써 도토리가 하고
마당으로 나와
올려다보니

지붕 뒤덮고 있는
도토리나무가지 잎새들
아직은 검푸르고

덜 여문 도토리들
푸른 갓들 쓴 채
여물려면 멀었다 하는데

다가서는 가을 냄새에
성미 급한 다람쥐 탓인가
심술궂은 청설모 탓인가

도토리 줍는 재미

무 배추 밭고랑에 물주고
농막으로 돌아오면
농막 앞 길 위에 떨어져
주워가라 하고

동부 밭에서 꼬투리 따고
농막으로 돌아오면
농막 앞마당에 또 떨어져
주워가라 하고

하루 종일
농막 들락날락 일하다보면
아내 주머니도 도토리로 불룩
나의 주머니도 도토리로 불룩

동심童心으로 불러주는 소리

밭일하다
농막으로 들어와
좀 쉬려 하면

우리 내외 쉬는 게
시샘이라도 나는지
쉴 짬 안주고 불러내는 저 소리들

농막 앞마당에 떨어지는 도토리소리
농막 뒤 도랑가에 떨어지며
맞장구치는 알밤소리

동심으로 불러주는 소리
두 내외 어린 시절로 돌아가
뛰쳐나오게 불러주는 저소리들

첫 전철 안에서

첫 전철 안에서
동생이 웃으며 다가오네

부모님 산소 아래 넓은 밭에서
농사로 노후를 보내고 있는 동생
웃으며 다가서네

반가운 동생에게서
부모님 산소 소식
전해 듣네

산소 위 산자락 밤나무에서
굵은 알밤들 떨어져
재미있게 주웠다는 이야기

고라니 새끼 한 마리가
철쭉 더미 속에서 태어났는지
어미로 알고 도망도 안치더란 이야기

걸어서 바로 30분 거리인데도
두 형제 같은 노후 농사일 하면서도
모처럼 첫 전철에서 만나 이야기 나누네

조 이삭들의 항변

모처럼
수수밭아래
누런 조 이삭들 눈에 뜨이네

눈길 마주친 조 이삭들 불평들 하네
어찌 한 여름내 눈길 한번 안주느냐고
어찌 저 키만 큰 수수만 아껴주느냐고

키만 컸지
지난밤 그 하찮은 비바람에도
허리들 꺾인 저 꼬락서니 뭐 예쁘냐고

우리는 산새들 쫓는 털 침 가졌다고
키만 큰 저들에게만 색색 망도 씌워주고
망 쓴 얼굴들 예쁘다고 칭찬만 하느냐고

조 이삭들의 불평에 미안한 생각 들어
하던 일 멈추고 조밭으로 올라와
누렇게 익어가는 조 이삭들 위로해주네

나누어주는 행복

농장에서 돌아온 아내
메고 온 배낭 속 알밤들
함지박에 쏟아놓고 나서

비닐봉지 5개 펼치더니
주워온 알밤들
나누어 담네

한 봉지는 차례 상에 올릴 왕밤
세 봉지는 세 아들네 손주들 몫
남은 한 봉지는 이웃에게 줄 몫

농막 뒷산 자락 밤나무들은
아내에게 알밤 줍는 재미도 주고
나누어주는 행복도 준다네

벌초 가는 길에 농막에 들려

벌초 가는 새벽길에
농막에 들렸네

예초기가 농막 창고에 있어
아니 들릴 수도 없었지만
내 맘은 딴 곳에 있었다네

아들들이 예초기 시동 걸어보는 동안
농막 앞길에서 도토리 줍고
농막 뒤 도랑에서 알밤 주웠네

단 5분 만에 주워 넣은
불룩한 두 주머니속의
도토리와 알밤들

예초기 싣고 선영으로 떠나면서
잿밥에만 정신 쏟지 않았나
잠시나마 스스로 민망스러웠네

강상면 선영先塋

농장에서
바로 바라다 보이는 남한강 건너
강상면 선영에 도착했네

먼저들 온
사촌형님과 동생들이며 조카들과 손자들
벌초하는 예초기 소리 산을 울리고 있네

벌초 때면 담당하던 나의 일은
묘소 가리는 잡목들 잘라버리는 일이지만
오늘은 맨 위 7대조님 봉분으로 올라왔네

양쪽 망주석이 향나무에 가려져 있어
양쪽 두 그루 향나무 다듬어 드리고 나니
저 멀리 흘러가는 남한강 줄기도 보이네

양쪽 향나무 밑동도 정리해드리고 나니
동그란 양쪽 우산 되어 햇볕도 가려주네
내리 모신 증손까지 모여 담소도 나누시겠네

용천리 선영先塋

강상면선영 벌초 끝내드리고
농장에서 차로 10여분 거리
용천리 선영으로 다들 모였네

8순도 넘은 사촌형님
미리 벌초 다 끝내놓아
옛이야기 나누며 절들만 올려드리네

봉분으로 계신
증조부님과 조부님 내외분께
절해 올릴 때는

6살 나던 해 부모님 따라 청진으로 떠나기 전
어렴풋이 기억나는 증조할머님과 할아버님
이야기 나누고

납골묘에 잠들어계신
백부님 내외분과 먼저 가신 사촌형님 내외분께
절해 올릴 때는

방학 때면 내려와 사촌형님과 말썽부려도
단 한 번도 야단치지 않으셨던 백부님과 백모님
이야기 나누고

그리고 우리 세대와
미래의 자손들 집까지 미리 만들어주신
고마우신 조상님들 이야기도 나누었네

부모님 산소

용천리 선영에 들러 절 올려드리고
농장에서 걸어 30분 거리에 위치한
오늘의 마지막 벌초길 부모님 산소에 모였네

부모님 산소 또한
주중에 서너 번 내려와 농사짓는 동생이
밭일하며 틈틈이 벌초 다 해놓았네

산소 봉분 상석 비석 그 어느 한구석
잡풀하나 볼 수 없이 깎아드린 동생의 정성
그 어느 정원인들 이보다 더 잘 가꾸었을까

주변 철쭉이며 소나무며 주목나무들
어느 가지가지 한 가지에라도
동생 손길 안 닿은 데 없네

시 속의 눈 내리는 농장 풍경이

오늘 또 만났네
새벽 첫 전철에서
동생을

오늘은
무슨 일하러 가느냐
물으니

마늘 심을 밭 정리하러 간다네
작년 가을에 사촌 형님에게서 배워
마늘을 심어보았다면서

이른 봄 잔설 덮였을 때도
새싹을 내미는 게 아주 신기하다며
겨우내 집에만 있지 말고 심어보라고

그 말을 듣고 나니
어느새 반백이 된 동생의 머리 위로
시 속의 눈 내리는 농장풍경이 떠오르네

오늘 새벽만은 아내도 어쩔 수 없네

오늘 새벽만은
아내도 어쩔 수 없네
나를 혼자 농장에 보내주는 수밖에

혼자 가면 멧돼지 위험하다고
둘이 가야만 그래도
덜 위험하다고 고집하던 아내

추석도 모레로 다가와 아내 할 일 너무 많고
나도 4일이나 되는 긴 연휴동안
농장 무 배추 물 안 줄 수 없고

하여 오늘 새벽만은
모처럼 나 혼자 홀가분하게 농장으로 가네
멧돼지 만나도 나 혼자 만나는 게 낫지 않겠나

도토리가 쉴 틈도 안 주네

무 배추 물주고
좀 쉬려 농막에 들어서려면
농막앞길 위에 떨어진 도토리들

허리 굽혀 하나 둘 세며 주워
호주머니에 넣고 일어서려면
또 툭! 탁! 떨어지는 도토리들

도토리들
나 농막에 들어가
쉴 틈도 안 주네

알밤들이 쉴 틈도 안 주네

까치들이 파먹다 남긴
땅콩들 캐들고
농막에 들어와 좀 쉬려하니

농막 바로 뒤 밤나무에서
탁! 하고 가지 때리는 알밤소리
툭! 하고 풀섶에 떨어지는 알밤소리

단 열 걸음만 걸어가면
금방 떨어져 윤나는
알밤들

알밤들
나 농막에 들어앉아
쉴 틈도 안 주네

집에 있는 아내 어찌 나보다 더 잘 알까

같이 못 온 아내 궁금해 할까 봐
무 배추 물 주느라 농막오가다
알밤 쪼끔 주웠다 전화해주니

느닷없이
농막 옆 도랑 따라
왕밤나무 밑에 가 보라하네

그곳에 가서
왕밤을 주워 와야
내일 아침 추석 차례 상에 올려드리겠다고

어쩔 수 없어 올라와보니
놀래라! 반질반질 왕밤들 수두룩하네
집에 있는 아내 어찌 나보다 더 잘 알까

두 손 다 들었다

또 들어 왔구나 고라니야
또 들어와 전번 두 번에 걸쳐 먹다 남긴
팥과 콩 꼬투리까지 모두 주린 배 채웠구나

이제 두 손 다 들었다
멧돼지들에게도 두 손 들어 고구마 단념했고
이젠 너 못 먹는 들깨나 심어야하겠다

이젠 싸울 기회도 없어졌으니 알려나다오
도대체 무슨 재주로 울타리 넘나드느냐
땅굴 파는 재주라도 있다는 것이냐

이른 봄부터
신출귀몰하는 너의 흔적 아무리 찾으려 해도
내 두 눈으로는 도저히 발견 할 수 없으니

전철역으로 마중 나온 아내

전철역에서 집까지 걸어서 15분 거리
배낭도 그리 무겁지 않으니
나오지 말라 해도

환승시간까지 합쳐도 시간 반 전철 길이
머나먼 이국이라도 되는지
마중 나온 아내

끌고 온 손수레가방에
짊어지고 온 배낭 통째로 집어넣고
앞장서 걸어가는 아내

두 내외 집으로 걸어가면서
부모님 차례 상에 올려드릴
왕밤 이야기 나누네

그 왕밤나무 어찌 그리 알아차리고
수두룩 떨어트려놓고 기다려주었는지
신통방통하다는 칭찬의 말도 나누네

울타리 안에 또 울타리를

울타리 안에
또 작은 울타리를 치고 있네
무 배추 밭 빙 둘러 울타리를 치고 있네

고라니 또 들어와
여태껏 먹힌 적 없는
무 배추까지 뜯어먹기 시작했네

어쩌겠는가
또 헛일이 될지언정
또 내 나름대로의 최선은 다해보는 수밖에

울타리 치면서 푸념을 하네
아무리 짐승이라지만 일말의 양심도 없구나
반만이라도 남겨줄 놈이라면 왜 울타리 치겠냐

벌레밤나무

툭! 탁!
요란스런 소리 지르며
떨어져도

바로 코앞
농막에 앉아 쉬고 있는
우리 내외 들은 척도 않네

양지 바른 곳 차지하고 자라
음지 다른 밤나무들보다
몸체는 두 배나 커가지고도

우람한 몸체 값은커녕
벌레 먹은 왕밤만 떨어트려주는
저 어처구니없는 벌레밤나무

들깨를 베네

농장으로 달리는
택시창밖으로 내다보니
아랫마을 들깨 밭 베어내서 텅텅 비었네

농장입구에 이르자마자
먼발치 들깨 밭 올려다보니
푸르던 들깨 밭 닷 세 만에 시커메졌네

들깨라고는 낫으로 처음 베어보는지라
우선 농막으로가 손 구루마를 끌고 올라와
한 다발씩 손으로 잡고 베려하니 만만치 않네

궁리 끝에
아들 사는 독일에 다니러 갔을 때 사 온
절단기로 잘라보니 싹둑싹둑 잘도 잘리네

큰 꾀라도 터득한 듯 기고만장
후딱후딱 베어낸 들깨다발들 연못가로 옮겨
미리 깔아놓은 넓은 천에 널어놓네

저만치 떨어져
아주까리 잎사귀 따던 아내
들깨냄새 그곳까지 고소하다 소리쳐주네

수수이삭망을 벗겨 주면서

수수밭으로 올라와
수수이삭망을 벗겨주고 거두려하니
그 긴 허리를 부드럽게 휘어주며 몸을 맡기네

지난 여름부터
수수이삭 감싸주던 망사들도
그 화려하던 빨강 노랑 파랑얼굴들 퇴색해버렸네

망사 벗겨주며 말해주네
뜨거운 땡볕에서 망사 쓰고 고생 많았다고
수수이삭들 산새들로부터 지켜주어 고맙다고

그리고 우리 두 내외 마음도 전해주네
농장 오갈 때마다 맞아주던 키다리 색색얼굴들
더 이상 볼 수 없어 서운하다고

뿌리 한 가닥으로

시커멓게 익은 들깨 다 베어내고 나니
가려졌던 그 뒷밭 조 이삭들
얼굴 내미네

키 큰 수수에 눈길 빼앗기고
푸르던 들깨들 가려 눈길 못 끌던
누런 조 이삭들 이제야 눈길 사로잡네

조들도 힘에 버거워
이삭들 늘어트리고
어서 거두어 달라 재촉들하네

조 이삭들 잘라주며 말해주네
미안하다고
수고 많았다고

비바람에 쓰러진 채 뿌리 한 가닥으로
탐스러운 조 이삭 키워준 한 조에게는
장하고 장하다고 입맞춤도 해주네

제 철들 알고

아침마다 반겨주던
농막앞길 도토리 알들
더 이상 보이지 않네

때 없이 들려주던
농막 뒤 알밤 떨어지는 소리
더 이상 들리지 않네

며칠 전 내린 비바람이
도토리와 알밤의 계절
때맞추어 걷어갔네

하지만 서운해 하진 않는다네
저 우람한 은행나무들과
모과나무들도 제철들 지켜

어느새 우리 두 내외 눈앞에
발그레한 은행 알들 보여주네
노랗게 익어가는 모과들 보여 주네

묵도 못 쑤는 걸 어이 알고

탁!
요란스레 떨어지는
농막지붕 위 도토리 소리

웬일인가
제철도 지난 지
오래인데

농막 뒤 둔덕 올라
지붕 위 내려다보니
수북이 쌓인 도토리들

착하기도 하지 도토리나무
주워간 도토리 모자라
묵도 못 쑤는 걸 어이 알고

멧돼지 겁이나

모처럼
혼자 내려온 오늘 아침 짙은 안개가
농장과 둘러싼 산 삼켜버렸네

겁이 더럭 났네
저 어두운 어느 구석에서
멧돼지라도 와락 덤벼들지나 않을까

며칠 전 멧돼지들 내려와
장씨네 논 휘저어놓아 덜 익은 벼라도
걷어드렸다지 않던가

아내와 둘이 올 때는
더 짙은 안개가 뒤덮였어도
겁이란 없었는데

하기야
아내의 두 눈이 봐주던 구석구석
나 혼자 두리번거리니 겁날 수밖에

바람으로 전해 듣고 맘 속으로 전하네

먼 발치 산자락 아래 모과나무 4그루
노란 모과들 주렁주렁 매달고
어서 올라와 따가라 하네

봄에 한 번 올라와
가지치기 해주고는
어찌 그리 나몰라라 할 수 있느냐고

저들 딴에는 그래도
길러준 고마움 잊지 않고
탐스러운 모과들 열려주었다며

맘속으로 전해 듣고 맘 속으로 전하네
돌아오는 일요일 내 형제들과
함께 올라가 따주겠다고

황국주黃菊酒 욕심으로

설악산에는 첫눈이 내렸고
산간지역에는 서리도 내렸다는
오늘 새벽 일기예보 생각나

서둘러
산자락 밑 밭으로 올라와 보니
다행하게도 이곳엔 무서리 만 내려

이곳저곳
황국 꽃 더미들
가족끼리 더미더미

이 꽃 더미에서 한 움큼 동냥 받고
저 더미에서 한 움큼 구걸하여
바구니 채우는 것은

된서리 맞으면 끝날 꽃 가족이지만
차마 어찌 나의 황국주 욕심으로
저 예쁜 꽃 가족 큰 상처 입혀주랴

찔레열매의 질투

노란 황국 꽃 더미에서
덤벼드는 벌 나비들 달래가며
황국을 따는데

바로 옆 찔레덤불에서
가시 돋친 가지들 길게 뻗어
내 소매 잡아끌며

왜 우리 찔레열매 먼저 따지
까짓 황국 먼저 따느냐
영실주英實酒 그리 좋아한다더니

하! 이거야! 원 참!
황국 꽃 따다 찔레 열매 따고
찔레 열매 따다 황국 꽃 따고

술 담그기도 전에 술에 취해
풀섶에 주저앉아 흥얼거려
먼발치 남한강 물줄기에 띄워 보내네

오늘은 딸기술로 마셔주마

오늘은 첫 전철로
농장으로 가기로 한 날

갈 때마다 챙겨야 하는 커피는
벌써 끓여 보온병에 넣었는데

이를 어쩌나!
싱크대 위 매실주 바닥났으니

이 꼭두새벽 베란다로 나가
새 매실주병 찾아올 시간 없고

나열된 다른 술 드려다 보니
눈길끄는 발그레한 산딸기 술

재작년 농장 외진 뒷밭에서
아내와 둘이 따서 담근 술

그래! 오늘은 딸기술로 마셔주마
돌아올 때 전철 기다리며 한 잔의 술을

어쩌나 저 산자락 밑 모과들

어쩌나 저 산자락 밑 모과들
형제들 따간다 말해놓고
바빠서 못 온다하고

먼발치에서 오늘도 저리
노란 모과들 매달고 힘들어하며
내 마음 편치 않게 해주니

그래 모과나무들아
내 어찌 애써 길러준 너희들
가볍게 대하겠느냐

다른 일들 다 제처 두고
긴 장대 메고 손수레 끌고
모과나무 밑으로 올라가네

금년에도 작년처럼
모과 향기 좋아하는 이웃들 찾아
모과 보살행 기쁨이나 나누어보자

다시 찾은 톱

모과나무 밑 풀섶 사이
삐쭉 내밀고 있는
자루 하나

이게 뭔가 끄집어 내 보니
작년에 잃어버렸던 톱
이리도 기쁠 수가

한 번 올라오기도 힘든 이 산자락
열 번도 더 넘게 올라와 찾아도
못 찾았는데

무슨 심술로
내 눈 피해 일 년이나 숨겨
애를 태웠나 하며 올려다보니

저럴 수가! 잡목 기어오른 칡넝쿨
주먹 만 한 노란 모과 서너 개씩 달린
이 모과나무 두 가지 숨통 막고 있구나

모과나무야! 숨겨 놓았던 이 톱으로
저 잡목 잘라 달라 이제야 내놓은 거냐
모과 따 주러온 내가 고마워 내놓은 거냐

황국 따면서 망 봐주는 아내

산자락 밑 모과 따러
장대에 손 구루마 끌고 나서니
아내도 따라 나서네

멧돼지 나오면 어찌 하냐고
아들 좋아하는 황국도 딸 겸
멧돼지 망이나 봐주려한다고

아내 황국을 따면서
왱왱거리는 벌은 무섭지 않은지
두리번두리번 멧돼지 망만 봐주네

배낭대신 손수레가방으로

동생네 야콘은
벌써 캤다는 말 생각나
야콘 밭으로 가 두 그루 캐어보니

몇 년 만에
처음 보는 큰 야콘들
왕고구마처럼 크기도하네

하지만 좋기는커녕
앞서는 아내의 허리 걱정
또 배낭에 넣어 짊어지고 가려 하겠지

전번에도
무거운 배낭 지고가다 허리다쳐
나 혼자 농장 다니게 하더니

결국 오늘은
아내도 남편 말 들어
손 수레가방에 넣어 끌고 가기로 했네

무슨 재주로

야콘을 캐면서
하도 신통방통해
야콘에게 물어보네

야콘아!
생긴 건 고구마와 똑같은데
무슨 재주로 멧돼지 피했느냐

저 둘러싼 산에서
멧돼지들 내려와
마을 고구마들 다 뒤집어엎었는데

먼 나라에서 온 지 얼마 안 되어
놈들 아직 낯설어 지레 겁먹고
얼씬도 못한 것이냐

아니면 너희들에게는
놈들 무서워 도망치게 하는
무슨 특별한 재주라도 있는 것이냐

기특한 야콘아
이리도 생긴 게 똑같은데 그 재주
고구마에게도 알려줬으면 좋겠구나

얌체 단호박

아내가 외출하면서
단호박 죽 쒀놨다는 말 생각나

출출한 김에 아직도 온기 도는
식탁 위 단호박 죽 맛보니

어찌 이리 상큼하니 맛좋을까
생각해보니

눈앞에 떠오르는 그 얌체 단호박
산수유가지 새에 떡하니 자리 잡고

여름내 그늘 삼아 산수유 단맛으로
자라난 그 얌체 단호박

분명 고염나무는 아닌데

감을 따네
농장의 3그루 감나무 중
한 그루

분명
묘목 사다 심어
산에 사는 고염나무는 아닌데

어찌 해마다 이리 올망졸망
조그마한 꼬마 감들 다닥다닥
가지마다 휘는지

하지만 이 감나무도
우리 내외 사랑 받는
소중한 가족나무 중 하나

때 되면 따다가 썰어말려
고추장 독에 잠재우면
누구나 반하는 감고추장 장아찌

연못물에 네 몸 비춰 보지 못해

연못가 감나무 밑에서
우람한 감나무 올려다보며
이야기 나누네

잘도 생긴 감나무야!
어쩐 일이냐 아무리 찾아보아도
열 댓 개 밖에 없으니

해마다 삼사백 개나 열렸고
작년에는 오백 개도 넘게 열려
힘들어 넌더리를 치며

작작 좀 열려라
복에 겨운 소리 좀 했더니
그 말 들어 오기라도 부린 것이냐

아니면
극심한 가뭄으로 저 연못물 바닥나
몇 개나 열렸나 비춰 보지 못해서이냐

아내가 한 말, 바람결에 들은 건 아닐까

밭일하며 들락거릴 때마다
농막앞길에서 마당에서
주워 모은 도토리로는

도토리묵 한번도
쒀먹지 못 한다는
아내의 말을 듣고

혹시나 하고
농막 바로 뒷산골짜기
우람한 떡갈나무 밑에 와보니

놀랍게도 골짜기며 둔덕에
길쭉한 떡갈나무 도토리들
수두룩 떨어트려놓았네

이럴 수가! 혹시나
이 떡갈나무 바람결에
아내가 한 말 들은 건 아닐까

인적 없는 산골 농장에

인적 없는 산골 농장에
모처럼 노랫소리 들리네
온다는 아들 기다리며 노래부르네

두 시에 온다던 아들
급한 일 생겨 네 시에나 온다하여
짐 꾸려놓고 할 일 없어 노래부르네

아들 차 타고 집으로 갈 터이니
시간 맞춰 전철역으로
서둘러 떠날 걱정도 없네

아내는 어린 아들이라도 기다리는지
어릴 적 불러주던 동요를 부르고
나는 가을이라 가을노래 부르네

같은 고향이라 그런가

창밖 베란다에 걸려있는
내년 봄 농장에 심어 줄
조와 수수 묶음 두 개

어찌
저리도
서로 정다워 보일까

저 조 이삭은
서울 이 집 테라스에서
제 풀에 자랐고

저 수수이삭은
시골농장 수수밭에서 자라
거두어 온 것인데

아하! 알겠구나
서로 태어난 고향은 달라도
미래의 같은 고향 내다보는구나

빠른 시간 보내려

2년 만에 멀고먼 영국에서
휴가 받아 온다는 아들네 식구
집에서 기다리느니

농장으로 내려가서
빠른 시간 보내려고
첫 전철 탔네

한여름
첫 전철 창밖은 대낮처럼 밝았지만
이 가을 첫 전철은 어두컴컴하네

손녀딸은 얼마나 자랐을까
손자 놈은 키가 얼마나 컸을까
그리운 얼굴들만 차창에 아른거리네

지금쯤 함께 못 오고
아들네 식구들 좋아하는 음식 장만하러
시장으로 가고 있을 아내도 떠오르네

농장에 가서 감이라도 따면
한나절 금방 지날 테니
시간 맞추어 올라가 만날 수 있겠네

아버지 그리워하며 감을 따네

어찌 알았을까
아버지가 심어주고 가신
이 감나무가

저쪽 연못가 감나무
다섯 접이나 열리던 그 나무
금년에는 스무 개밖에 안 열린 걸

그러기에
그 나무 반에 반도 안 되는 이 몸체에
가지가지 휘도록 굵은 감 열려주었지

아버지 심어주고가신
이 감나무 밑에서 아버지 그리워하며
감을 따네

심어주신 전농동 집 창가에서 상계동으로
상계동에서 이곳 농장 도랑가로 옮겨 온 지
다 합쳐 어느새 흘러가버린 25년 세월

얼마나 고마운 감나무인가
그 긴 세월 만날 때마다
그리운 아버지 얼굴 보여주는 감나무

재촉하는 모과나무들 눈을 피해

어쩌나
농막 앞 저 많은 모과들
나무마다 주렁주렁 노랗게 익어

힘에 버거워
떨어트리기 시작하면서
원망스런 눈길로 바라보고 있으니

어서 따가라는 모과나무들 눈을 피해
먼발치 지난날 강변집터 바라보며
푸념을 하네

누가 알았더냐
저 강변집터에서 옮겨온 모과나무 한 구루
이토록 대 가족을 이룰 줄을

술 담그느라 썰면 쏟아내는 씨앗들
서울 집 테라스 텃밭에 버렸더니
봄마다 싹튼 묘목들 가여워 옮겼을 뿐인데

저 한 그루만 해도
내 술이랑 효소랑 담그기에 충분한데
십여 그루에 매달린 저 모과들 어찌하나!

이 고소한 냄새로 어떻게

넓은 천 깔아놓고
마르라고 널어놓았던 들깨다발들
난생 처음 털어보네

고구마와 옥수수는 심어봤자 멧돼지에게 빼앗기고
콩과 팥은 심어봤자 고라니에게 모두 빼앗겨
결국 놈들 못 먹는다는 들깨 심은 우리 두 내외

막대로 들깨들 내려치네
놈들에 대한 화풀이 애꿎은 들깨에게 하네
들깨들 원망은커녕 고소한 냄새로 응답하네

착하기도 하지 들깨야
한 가지 더 알려줄 수 없겠니
이 고소한 냄새로 어떻게 놈들 물리치는가를

은행나무 두 가족

나의 농장에는
은행나무 두 가족이
사이좋게 살고들 있다네

자그마한 산등성이가 가려
가족 얼굴은 서로 볼 수 없지만
그들의 대화는 오가는 바람으로 나눈다네

산등성이 저쪽
한 가족 세 그루는
가운데 한 그루만 열매 열려주고

산등성이 이쪽
한 가족 세 그루는
오른쪽 말고 왼쪽 두 그루 다 열려준다네

모종 사다 심은 지 20여 년 되었지만
그들 가족이 부부 사이인지 사돈지간인지는
나로서는 그저 추측이나 할 뿐이라네

가을이 깊어가니

가을이 깊어가니
바쁘기만 하던 농장일
차츰차츰 줄어가네

농장 가는 날도
서서히 줄어들고
떠나는 시각도 느지막하네

하지만 우리 두 내외
설레고 궁금한 건
마찬가지

산수유 얼마나 빨개졌을까
은행잎은 얼마나 노랗게
떨어져있을까

고라니 또 들어와
이달 말이면 뽑아올 무 배추
먹어치우진 않았을까

정 때문이겠지
농장 이 구석 저 구석
궁금하지 않은 게 어디 있겠나

가을 냉이

아내가
깜빡했다며 호미 찾아들고
연못가로 뛰어가네

근처 동생네 밭에는
달래가 수북하단 말 생각난다고
연못가 달래 찾아 뛰어가네

하지만
돌아온 아내 바구니에는
달래 대신 때 아닌 가을 냉이

싱글벙글 웃는 얼굴 보니
아내 가슴에는 벌써
봄이 와 안겼는가

뭐가 그리 궁금한지

며칠 전
혼자 내려와 털어놓은 들깨
뭐가 그리도 궁금한지

농막에 들어서자마자
털어놓은 들깨 통 들고 나와
한참을 들여다보더니

괜찮다는 표정 지으며
마당 끝 모과나무 밑으로 가
키질을 시작하는 아내

난생 처음 털어본 남편 못 믿어서 그랬나
극심한 가뭄으로 농장 들깨모종 싹 안 터
서울 집 테라스에서 길러 옮긴 정 때문인가

과유불급過猶不及

얼마 전
아들이 내려와 싣고 가고도 남은
산자락 밑에서 딴 모과들

며칠 전
나 혼자 내려와 주워 모은
농막 앞 떨어진 모과들

오늘 또
농막에 도착하자마자 주워 모은
그새 떨어진 농막 앞 모과들

모두 모아
물탱크에 풍덩풍덩 띄워주네
지하수 물줄기 펑펑 쏟아 내리네

하지만 걱정이 태산이네
목욕하는 저 모과만 해도 넘치는데
저 나무에 매달린 모과들은 또 어찌하나

반할만도 했네

모과를 씻고 있는데
산수유 한 바가지 따왔다는
아내의 말을 듣고

산수유는 잎 다 지고 따야하는데
그래야 붉은 열매 꽃나무도 보고
따기도 쉬울 텐데라고 말해주니

아주까리 잎 따러 갔다가
서리 맞아 못 따고 돌아오는 길에
하도 예뻐서 땄다고

모과 씻는 눈앞에 보여주니
눈부시게 빨간 산수유열매들
반할만도 했네

모처럼 한가롭네

느지막이
농장으로 가는 길
모처럼 한가롭네

눈길 끄는 샛노란 은행나무들
산에도 들에도 강변에도
뜨문뜨문 더미더미 밝기도 하네

일주일이나 못 본
내 농장 은행나무들도
샛노란 저런 옷 입고 맞아줄까

모과의 향기

농막 옆 오지독에서
작년 담근 모과 효소
걸러내는데

어찌 알았을까
벌들이 왱왱거리며
날아드네

걸러 내 버리는 건덕지통에도
걸러내는 오지독 속에서도
머리들 처박고 왱왱거리네

얼마나 맛좋아 저럴까
나도 한 마리 벌 되어
거르던 국자에 혀를 대어보니

놀래라! 이 향기! 이 맛!
그래 벌들아! 맘껏 즐겨라
나를 쏘지만 말고

이웃사촌지정 가슴아파하네

아내와 동갑내기
아랫마을 김노인 부인 혼자
지팡이집고 오셨네

회장님 병세 어떠냐고 물으니
입원한 지 반년이나 되었다며
시름 덮인 얼굴 어둡기만하네

왜 연락도 안했느냐
병원 이름 물어도 대답 없고
근처 비닐하우스로 가자하더니

잘 익은 늙은 호박 건네주며
동갑내기 친구 내 아내에게
전해주라네

이웃사촌 김노인 부인
남편 병수발에 어찌 저리 상했을까
지팡이 아니면 걸을 수도 없다니

집에 돌아와 아내에게 말 전해주니
전화라도 걸어줘야겠다며
가슴 아파하네

산들바람

뒷산자락 아래 밭에 올라가
모과 따고 찔레열매랑 황국 따서
손수레 가득 싣고 농막으로 내려가는데

앞서 걸어가는 아내 노래 부르네
가을노래 산들바람 불러주네
내가 좋아하는 그 노래 불러주네

웬일인가
엊저녁까지도 감기에 걸렸는지
머리 띵하다 하더니

나도 따라 부르네
아무도 없는 산골짜기
아무리 목청 높여도 들어 줄 사람 없네

다만 깊어가는 산골짝 가을만이
우리 두 내외 추억 속 가을노래
들어줄 뿐이라네

칡넝쿨아, 널 미워하지 않았는데

칡넝쿨아
널 미워하지 않았는데
이게 웬일이냐

어느 틈에 기어와
키 큰 수수들 칭칭 감아
반이나 쓰러트렸느냐

먼발치에서
칡꽃 저리도 예쁘구나
즐기던 칡술 생각도 했건만

울타리 넘어 들어오는 멧돼지 고라니
우리 내외 힘들게 하는 잡초들만
미워했는데 너마저

하는 수 없구나
너마저 미워하는 수밖에
낫으로 모조리 쳐주는 수밖에

된서리

며칠 전 내린 무서리에는
붉은 고추 풋고추
제법 땄는데

오늘 또 내려와 따려하니
그새 내린 단 한 번의 된서리에
푸르던 고추밭 다 어디로 갔나

기세 좋던 푸른 잎 푸른 줄기
날개 달고 하늘로 날아갔나
뼈대들만 앙상하니

하기야 된서리
어디 이 고추밭뿐이랴
내 인생길에도 두어 번 있었거늘

철 늦은 오이 하나

저녁식탁에
술안주로 올라온
철부지 오이하나

오늘 낮
자두나무 가지에
매달려 있던 그 오이

어쩌자고
한여름에나 볼 수 있는 오이가
낙엽지기 전까지 숨어있었더냐

손도 닿지 않아
긴 장대 끝 못에 걸어서야
딸 수 있었으니

이 늦가을에 웬 연녹색 애호박

이 늦가을에
웬 연록색 애호박 두 개
양손에 들고

싱글벙글
흘러간 노래까지
흥얼거리며

자두나무 뒤
호박덩굴에서
걸어 나오는 아내여

그 애호박 두 개가
땀 흘린 오늘하루 피곤을
말끔히 날려 보내 주는군요

아내는 지금쯤

아내는 지금쯤 집에서
농장 떠나는 내 시간 맞추어
집근처 전철역으로 마중 나올 준비하고 있을 거요

아내는 집에 머물고 있으면서도 망원경으로 보듯
농장에서의 나의 일거수일투족一擧手一投足을
들여다보고 있다오

오늘도 모과 줍고 씻고 썰어 모과효소 담그느라
쪼그리고 앉았다 일어섰다 거듭해서
다리 힘 빠져 걸을 수도 없을 텐데도

또 그 욕심 버리지 않고
잘생긴 모과들 골라 잔뜩 배낭에 넣어
짊어지고 올 걸 뻔히 알고 있기 때문에

아내는 지금쯤 전철 도착 시각 맞추어
무겁지 않으니 나오지 말라는 내 말 안 믿고
빈 손수레 끌고 마중 길에 올라 있을 거요

체면 살린 모과들

농장입구에서 만난
마을 젊은이 얼굴보자 모과 생각 나
모과술 좋아하냐 물어보니

모과나무가 있어야
모과술 먹어보지요 하기에
젊은이 소매잡고 농막으로 왔네

엊그제 내려와 주워 모은
한 구루마 가득 노란 모과들 보여주며
가져갈 만큼 가져가 술 담그라했네

친척들이고 친구들이고
따가라 해도 갖다 준다 해도 싫다하여
모과들 체면 말이 아니었는데

저 젊은이 저리도 좋아 싱글벙글하니
과년한 딸 시집이라도 보낸 듯

후련해지는 이 마음

더구나 이 젊은이는
한여름이면 내 농막 길 잡초들도
예초기로 깎아주는 착한 젊은이 아닌가

쭉정이 콩꼬투리

나 혼자
농장으로 떠나올 때 아내가
남은 콩꼬투리들 여물었나 보고 오라하여

도착하자마자 꼴도 보기 싫은
고라니가 먹다 남긴 콩밭 한편 구석
콩꼬투리들 만져보니

이게 웬일!
남은 콩 그마저 모두가 빈 쭉정이
하도 맛있어 먹다 흘린 침 때문인가

아랫마을 김노인에게 전화로 물어보니
자기네 비닐하우스 콩도 다른 집 콩도
극심한 가뭄으로 다 마찬가지라고

갑자기 고라니들에게 미안해졌네
어차피 건지지 못할 콩 줄기 먹은 건데
그토록 미워했으니

그나마 최선을 다해주었기에

덜 여물어 남겨놓은
수수이삭들 어찌 되었나
궁금해 올라와보니

시원찮던 이삭들
그래도 제몫들 하느라
그나마 최선을 다해주었기에

한 이삭 한 이삭
거두어주며 말해주네
수고들 했다고

다듬어준 산수유나무 열매는

예쁘게 단장해준
산수유나무 밑에 앉아
산수유열매 따네

전지가위로 자른 작은 가지의 산수유 열매 따고
톱으로 자른 굵은 가지의 산수유 열매 따는데도
반나절이나 걸렸네

예쁘게 다듬어준 나무 위 저 빨간 산수유 열매는
낙엽 다 진후 빨간 열매 꽃구경하고 나서
아내와 둘이서 사다리 놓고 따려네

손주들 위한 핑계

까치들이
다 먹었겠지 하고
연못가 감나무 쳐다보니

잎 다 떨어진 나무꼭대기에
왕감 다섯 개
그대로 있네

방학해서 온다는 손주들 생각에
사다리 옮겨놓고
감을 따는데

낌새챈 까치들
연못가 산자락에 날아와
왜 따느냐 깍깍 소란떠네

나도 질세라 소리치네
그만큼 날짜 줬으면 됐지
연시로 떨어지면 너희들도 못 먹어!

조선배추된장국

산수유 따느라
빨간 산수유 열매에
폭 빠져있을 때

아내에게서 전화가 왔네
올 때 조선배추 서너 포기
뽑아오라고

휴가차
영국에서 온 셋째아들네 식구
조선배추된장국 먹고 싶어 한다고

어려서 떠나
어느새 십 년이나 외국에서 보낸
손녀손자도 먹고 싶어 한다고

손자손녀 말 듣자
폭 빠져있던 산수유열매에서 깨어나
부랴부랴 조선배추밭으로 뛰어가네

얼른 집에 가서
며칠 후면 또 먼 길 떠날 아들네 식구
조선배추된장국 먹는 걸 봐야하겠네

어떤 모과 나를 향해

큰 맘 먹고
긴 장대 들고
모과를 따네

농막에 들어서면
바로 눈앞에 노랗게 떨어져 있는 모과들
하도 많이 주워 모아 더 이상 소용도 없지만

벌써 입동도 지난 지 오래
얼마 안 있어 얼음도 얼 테니
안쓰러워 따주네

매달려있는 모과들도 힘 드는지
막대로 건드리기만 해도
툭탁 툭탁 떨어지기 바쁘네

홀대 받는 것도 아는지 어떤 모과들은
나를 향해 방향 바꿔 돌진해
위협을 주네

어찌 저리도 지극할까

그 어느 산짐승도 얼씬도 못하게
독한냄새 풍기는 겉옷 입혀주고도
행여나 열매들 다칠라

노랗게 물든 은행잎들
바람에 날려 깔아주고 그 위에
은행 알들 떨어트려주는

저 은행나무의 모성애!
어찌 저리도 지극할까
어찌 저리도 내 아내와 똑같을까

산수유 따는 풍경

산수유나무는
가지치기 해주고
버거운 열매도 털려 홀가분하고

아내는
가지치기 해준 가지의 산수유열매
의자에 앉아 따니 편안하고

나는 산수유나무 돌아가며
높은 가지 휘어잡고 산수유 따며
콧노래 불러 즐겁고

매실주 석 잔

농장으로 떠날 때면
꼭 챙겨야하는
매실주 석 잔

농장에서는 하도 바빠
술 마실 생각조차 잊어버려
마신 기억 별로 없지만

일 다 끝내고
전철시간 20분 전
전철 승강장에 이르면

그제야 생각나는 매실주
아내에게 한잔 따라주고 나면
남는 건 내차지 피로회복제

그래서 오늘 이 새벽에도
아내는 도시락이지만
내가 챙겨야할 것은 매실주 석 잔

저들 눈에도 나 또한 저들처럼

농장 이곳저곳에
심어 기른 나무들마다
저들도 수명이 서로 달라 그런지

제일먼저 강변 집에서 옮겨온
저 매실나무 한그루
저 모과나무 한 그루

참 눈에 띄게 늙었구나
삭정이며 벗겨진 껍질들뿐
그 예쁘던 옛 모습 찾아볼 수 없구나

눈에 띌 때마다
열매도 제대로 못 열리는 저 두 그루
새 묘목으로 세대교체 할까 하다가도

그냥 내버려두고 있는 건
저들 눈에도 나 또한 저들처럼
늙어 보이겠지 하는 동병상련同病相憐

낙엽을 쓸어 모으면서

아내는 농막앞 마당 쌓인 낙엽들
쓸어 모아 아궁이에 불 지피며
오솔길 내려다보며 기다리고

나는 농막앞길 쌓인 낙엽들
내년 봄 밭 고랑으로 옮겨주려
쓸어 모으면서 내려다보며 기다리고

온다는 시간 훨씬 넘었는데
왜 아니 올까 왜 아니 올까
모과 따러 온다는 누님과 동생 내외

내일부터 영하의 날씨 된다는데
저 많은 모과들 얼어붙기 전에
오늘은 다 따줘야 할 텐데

동생 내외 모과를 따네

막내 누이동생 내외 둘이서
긴 장대들고
모과를 따네

30년 만에 외국생활 접고
돌아온 지 10여 개월 만에
농장 찾아와 모과를 따네

어느새 환갑나이 들어선 동생 내외
모과 따는 모습 바라보니
어머님 생각나네

늦둥이 막내딸이라고
맛있는 알사탕 장롱 속에 숨겨두시고
애지중지 기르시던 어머님 생각나네

행여 남편
떨어지는 모과에 맞을까
먼발치에서 잔소리하는 동생을 보고

농막에서 바라보고 있는 나나
은행 줍는 누나나 아내나 모두 즐거워
웃음꽃 피우네

손놀림보다 입놀림이 더 바쁘네

막내 누이동생과 함께 내려온 누님
은행 줍고 있는 아내 곁으로가
둘이서 정답게 은행을 줍네

봄이면 나물 캐러 오고
가을이면 알밤 주우러 오던 누님
한동안 못 오더니 막내 따라 오셨네

오랜만에 만난 시누올케지간
은행주우며 무슨 말 저리 많을까
손놀림보다 입놀림이 더 바쁘네

동심으로 돌아가 어찌나 떠들어대는지
산새들도 시끄러워 멀리 날아갔는지
지저귀던 소리 들리지 않네

45분 작별도 아쉬웠던가

아내가 타자마자
나를 거부하고
닫쳐버린 전철 문

먼저 가 기다리라 소리치고
15분 후 다음 전철 타고 가는데
느닷없이 나타난 아내

웬일이냐 물었더니
다음 역에서 내려 기다렸다가
이차를 탔다고

이런! 세상에!
45분 거리 농장까지의 작별이
그리도 아쉬웠단 말인가

마무리가 아쉬워 그런가

참 끈질기기도 하구나
저 모과나무 꼭대기
아직도 매달려있는 모과 3개

작으면 못 본 듯 넘어 갈 텐데
내 주먹 두 배나 됨직한
저 탐스러운 모과

전번 따간 막내 누이동생 내외
너무 높아서 못 따갔나
잎 속에 숨어있었나

긴 대추나무 막대 들고 와
의자까지 동원하고도 발돋움 해
억지로 따놓으니

너무 많이 열려 거들떠도 안 보던 아내
오늘은 웬일인가 배낭 속에 집어넣으니
마무리가 아쉬워 그런가

차창 밖 쌓인 눈을 보고

미루어오던
은행 줍는 일이나 마무리 하려
느지막이 농장으로 오고 있을 때

달리는 차창이 보여주는
산에 들에 쌓여있는 눈을 보고는
헛걸음치는구나 걱정했는데

막상 도착해보니 이리 기쁠 수가!
은행나무 세 그루가 떨어트려놓은
쌓인 눈 위의 발그레한 은행들

차디찬 눈 위에서 오돌 오돌 떨면서
우리 내외 어서 내려와 주워가주기를
애타게 기다려준 수북한 은행 알들

솟구치는 지하수로 씻겨 내리면

은행나무 밑 흰 눈 위에서
아내와 둘이 주워 모은
발그레한 은행들

고추밭고랑 큰 물통 속에 쏟아 넣고
장화신고 들어가 밟아주면서
솟구치는 지하수로 씻겨 내리니

예쁘기도 하여라
겉껍질 벗고 내미는
하얀 얼굴들

일 년 내내 저녁식탁에서 만나
이야기꽃 피우며 안주로 되어 줄
고마운 이 하얀 얼굴들

어디 그뿐인가
고랑에 씻겨 내려 스며든 이 물들
내년에도 고추 풍년 들게 해줄 텐데

잘들 있거라 내년에 또 만나자

하얗게 씻어 물기 말린 은행들
손수레가방에 가득 실려
서울 집으로 떠나네

잘들 있거라 하직인사 나누네
농막과 농장과 둘러싼 산 둘러보며
내년 봄에나 다시 보자 소리쳐주네

은행나무에게도 말해주네
올해에도 마지막 장식을 해줘서 고맙고
덕분에 내 제3시집도 오늘로 마감된다고

스스로 한정한 소재에 집중한 시詩

박성배(아동문학가 · 계간문예작가회 회장)

1.

문종환 시인은 고등학교 2학년 말에 학도호국단 주최 전국 문예 작품 현상 모집에 시詩 〈아침〉이 고등부 시 부문 1등에 당선되어 당시 최규남 문교부장관상을 받았다. 담임이셨던 시인 정한모 선생님이 누구보다도 좋아하셨고, 각별히 아껴주셨다. 이를 계기로 그 당시 서울 소재 5대 공립과 5대 사립 문예 반장들과 교류하면서 『첨탑尖塔』이라는 동인지同人誌를 발간하는 등 적극적으로 문예 활동을 했다. 첨탑 동인 중에는 후에 시인, 소설가, 방송극작가, 대학교수 등으로 활약한 분들이 많다. 그러나 문종환 시인은 대학교를 상과 계통으로 진학하여 36년 동안 섬유수출업에 종사하느라 시를 돌아볼 겨를이 없었다. 그러다 환갑이 되던 해에 까맣게 잊고 있던 고향을 찾듯이 시를 찾았다. 아니, 육신적으로는 시와 먼 생활을 하고 있었지만 시인의 영혼은 사슴이 물을 갈망하듯 시를 갈망하고 있었을 것이다. 문종환 시인은 제1시집에서 시를 다시 쓰기 시작할 때의 심사를 이렇게 적었다.

"고교시절 한 때 인연을 맺었던 시의 여신이 결국 나와의 제2 인생을 함께 살자고 유혹을 한 것인가. 그렇지 않으면 내 자신이 그 푸르던 젊은 날로 되돌아가 마음이라도 젊어지고 싶어서였던가."

시인들에게 시를 왜 쓰느냐고 물으면 참으로 다양하고, 그럴듯한 멋진 대답도 많이 나올 것이다. 그 다양한 대답 속에는 시인으로 이름을 날리고 싶은 욕망도 들어있고, 더 좋은 시를 쓰지 못한 번민도 있고, 시인답게 살지 못하는 자기변명도 조금씩은 들어있기 마련이다. 말하자면 완전한 사무사思無邪의 경지에 들어가기가 쉽지 않다는 것이다. 그러나 내가 본 문종환 시인은 '사무사思無邪' 그 자체이다. 시의 내용에서도 그렇지만 시를 쓰는 마음가짐에서도 그렇다. 회갑 되던 나이에 시와 열애熱愛를 하기 시작한 후 오직 시를 쓰는 즐거움에 빠질 뿐이지 시인이라고 나서지도 않았고, 문학 단체에 가입하여 이름을 알리거나 명함을 만드는 일도 하지 않았다. 나중에 노원구 문인들을 만나 대화하는 재미에 가끔 노원문인협회에 나오곤 했을 뿐이다. 문종환 시인은 시 쓰기를 즐기기 때문에 자신의 시가 어떤 잣대로 평가받는 것도 좋아하지 않는다. 마음이 즐거우면 허허 웃듯이 생활이 즐겁고 감사해서 절로 나온 시는 그 자체

만으로 귀한 것이기 때문이다.

2.

제3시집 『어머님의 창窓과 시詩 속에 잠재운 아내와 나의 시골농장』에는 무려 334편의 시를 수록하고 있다. 일반적인 시집의 3배 이상 되는 분량이어서 3권의 시집에 해당된다. 특히 제3집에는 어머님을 기리는 시와 시골농장에서 아내와 사는 행복한 삶을 담는다는 데 초점을 두고 있다. 제1편 '어머님'으로 모은 시에는 생전의 어머님 연세보다 더 나이 든 아들의 갈수록 더욱 애틋해지는 어머님에 대한 그리움을 쏟아놓고 있다. 제2편 '시詩 속에 잠재운 아내와 나의 시골농장'에서는 마치 시詩를, 그림을 그리거나 사진을 찍듯이 때로는 동영상으로 촬영하듯이 담아놓고 있다. 문종환 시인은 이렇게 시를 쓴 이유를 "나이 더 들어 못 오게 될 때 그리워지면 시詩 속에서 잠든 시골농장 잠 깨워 새장 속의 새를 보듯 들여다보려네."라고 노래한다. 말하자면 문종환 시인의 시집은 일기장日記帳이요, 사진첩이며, 동영상인 셈이다. 때문에 시의 순서도 뒤바뀌면 안 된다. 교정보는 과정에서 같은 제목을 1), 2)로 나눈 연작시가 서로 떨어져 있어서 한 곳으로 모아놓았더니 문종환 시인이 그걸 발견하고 '그렇게 하면 일의 순서가 맞지 않다'고 하여 다시 원위치 시킨 일이 있다. 실제로 밤늦게까지 시집을 다 읽었을 때, 마치 한 권의 소설이나 전기傳記, 혹은 일기장을 들춰보는 기분이었다.

『어머님의 창窓과 시詩 속에 잠재운 아내와 나의 시골농장』의 또 다른 특징은 시의 소재나 제재가 한 곳으로 집중되어 있다는 점이다. 이는 산 정상에 오르는 길이 하나가 아니듯이 어머님에 대한 그리움과 아내에 대한 사랑을 노래하는 방법이 이렇게 다양할 수 있음을 보여주고 있다. 이는 마치 어머님과 아내에 대한 색다른 연작시라는 느낌을 준다.

3.

문종환 시인은 '어머님의 창窓'으로 어머님에 대한 그리움의 문을 연다. 마치 극본의 서막 같은 분위기를 연출한다.

> 어머니/어머니 가신 후 이 아들의 서재를/어머니의 방으로 옮겼습니다
> 어머니 살아계실 적/동쪽창밖 불암산 너머 고향하늘 내다보시며/
> 먼저 가신 아버지 그리워하신 것처럼//
> 이 아들도/이제는 아버지와 함께 계시는 어머니 그리워/
> 고향하늘 내다보며 어머니를 향한 시를 씁니다//
> 어머니 가신 지 어느새 14년이 흘러갔건만/어머니의 방에는 항상 어머니가 계십니다/
> 지난날 어머니의 품안처럼 포근합니다
>
> – 〈어머님의 창窓〉 일부

이 시는 그대로가, 아들의 서재를 어머니의 방으로 옮기고, 어머니가 했던 것처럼 불암산 너머 고향하늘을 내다보며, 어머

니를 향한 시를 쓰는 노시인老詩人의 사모곡思母曲이다. '어머님의 창窓을 통해 세상을 바라보는 시인의 눈빛은 늘 어머니를 닮아 순박하면서도 생명력이 있다. 어머니의 품안에서 시를 생각하는 문종환 시인은 늘 행복해 보인다. 효백행지본孝百行之本 즉 효는 모든 덕행의 근본이라는 말은 무릇 사람을 볼 때에 효孝가 어떠한지 보면 다른 모든 행위가 판단된다는 뜻이다. 성경에는 부모를 공경하는 자에게 땅에서 장수하는 복을 줄 것이라고 했다. 그만큼 사람을 판단하거나 복을 주는 조건으로 효심을 귀중하게 본 것이다. 문종환 시인의 효심이야말로 백행지본이며 복을 받아 누릴 수 있는 조건이 될 것이다.

> 아버지 숨어 내려다보시는/중미산 맞은편 산자락 비탈밭에/어머니는 메밀을 심으셨지요//
> 젖먹이동생은 저에게 돌보라 맞기시고/호미로 잡풀들 뽑아 오르시면서/
> 온갖 시름 삼켜가며 희망을 심으셨지요//
> 유달리 겁도 많으신 어머니/인적 없는 산속에서 메밀을 심으신 건/
> 아버지가 내려다보실 줄 아셨기 때문이지요//
>
> ― 〈메밀꽃〉 일부

문종환 시인의 어머니는 18살일 때 16살인 아버지께 농다치 고개를 넘어 시집오게 된다. 아버지가 일본군 징병에 끌려가지 않으려고 일찍 한 결혼이었다. 시할아버지와 할머니, 혼자되신 시아버지, 어린 삼촌들과 고모들, 그리고 네 명의 자식 등 대가족에 밭농사까지 거들어야 하는 고된 삶을 살아오신 어머니를 생각하는 안타까움을 시에 담고 있다. 이후 어머니가 28살 되던 겨울에 아버지의 직장 따라 청진으로 갔다가 8·15 해방을 맞이하면서 종로 6가에 자그마한 집을 마련하여 모처럼 안정된 생활을 하려나 했는데, 문종환 시인이 13살 되던 해에 6·25전쟁이 일어난다. 당시 경찰공무원이었던 아버지는 중미산 산자락에 숨어 지냈다. 문종환 시인은 지개를 지고 산에 나무하러 가는 척하면서 아버지께 음식을 날라다 주었다. 어머니는 별로 필요하지도 않은 메밀을 산비탈에 심어 하얗게 핀 메밀밭에 환하게 웃으셨다. 숨어 사는 아버지가 내려다보실 거라고 생각했기 때문이다. 이 한 장면만으로도 어머니의 슬기와 근면과 아버지에 대한 사랑을 그려볼 수 있다. 문종환 시인은 유달리 겁이 많으신 어머니이지만 '어머니'라는 힘이 얼마나 위대한가를 자랑스러워하며 노래하고 있다.

> 어머니/얼마나 기뻐셨겠어요/그토록 기다리시던 아버지 오셨으니//
> 한강다리는 끊겼어도/아버지 받아오신 도강증으로 우리 식구/
> 나룻배 타고 집으로 돌아가게 되었으니//
> 자식들 무얼 알겠어요/전쟁이 무언지 언제 끝날 건지/
> 그저 어머니 계시어 하늘이셨지요
>
> ― 〈어머니는 하늘이셨지요〉 일부

문종환 시인이 나중에 정리하여 순서대로 시를 쓰지만 어린 당시에는 세상 돌아가는 것을 자세히 모르고 전쟁 중 어려운

상황 속에서 오직 '어머니'만이 유일한 피난처였음을 깨닫는다. '전쟁이 무언지 언제 끝날 건지. 그저 어머니 계시어 하늘이셨지요'라는 고백처럼 생사生死가 순간순간 교차하는 전쟁 중에 이리저리 피난 다니며 살아남았다는 것은 기적이었으며, 이 기적을 가능케 한 분이 바로 어머니였음을 깨달은 문종환 시인은 연약하고 겁도 많으신 어머니가 하늘이었다는 사실이 놀랍고 행복한 것이다.

> 아내가/개떡 잡숴요 하며/내미는 떡//
> 찹쌀가루와 쑥 가루 반죽 위에/알록달록 강낭콩까지/보석처럼 박혀//
> 향기도 맛도 보기에도/이리도 손색이 없는데/왜 이름이 하필이면 개떡인가//
> 그 옛날 피난시절 우리 어머니/보리조차 없어 보릿겨에 쑥 버무려/
> 자식들 목숨 이어주신 떡인데//
> 아내여 이제부터는/우리끼리라도 개떡이라 하지 말고/
> 울엄마떡이라 부르는 게 어떻겠소
>
> ― 〈울엄마떡〉 전문

어머님이 하늘나라로 가신 후, 아내가 내온 개떡을 '울엄마떡'이라고 하자는 시인의 제안에도 어머니를 그리워하는 마음이 이렇게 절실하게 담겨 있다. 보석처럼 박혀있는 강낭콩, 향기도 맛도 보기에도 손색이 없는 떡, 어머니가 만들어 자식들 목숨 이어준 떡인데 '개떡'이라 이름 붙이다니 가당치도 않다. '울엄마떡'이라고 하면 좋겠다는 시인의 제안에 머리 끄덕일 뿐이다.

3부 회상回想편에서는 '아이야'로 시작되는 동심童心어린 시들이 맑은 목소리를 내고 있다.

'아이야/얼굴 동그란 아이야'라고 어린 시절의 자신을 부르는 것으로 봐선 문종환 시인이 어렸을 땐 얼굴이 동그란 아이라는 말을 많이 듣고 자란 듯하다.

> 아이야 얼굴 동그란 아이야/6 · 25날을 맞을 때마다/너를 생각하면 가슴이 아프단다//
> 그때 네 나이 13살/그 어린나이에 당한 6 · 25전쟁 /생각하면 아픈 가슴 메어진단다//
> 피난길에 누이동생 잃은 소식 듣고/큰댁 부엌에서 누나와 둘이서/엉엉 울던 아이//
> 식구들 뿔뿔이 흩어지고/중미산 중턱에 숨어계시던 아버지/
> 나무꾼인양 몰래 음식 날라드리고//
> 1.4후퇴 때는/아버지마저 안 계신 길고긴 피난길/공습불바다 가운데서 살아남았고//
> 춘계 중공군 대공세 때는/들판의 나물들로 굶주린 배 채워가며/
> 좌판 든 누나와 구두닦이로 살아남았고//
> 아이야 얼굴 동그란 아이야/6 · 25날을 맞을 때마다 너를 생각하면/
> 지금도 가엾어서 가슴 아프단다
>
> — 〈아이와 6 · 25전쟁〉 전문

이렇게 회상을 통하여 어린 시절을 치유 받고자 하는 시인의 마음이 곳곳에 나타나 있다. 바로 치유의 문학이요 회복의 문학인 셈이다. 노시인이 되어 어린 시절의 자신을 '아이야'라고 불러줌으로써 소설로 써도 모자랄 전쟁 중의 고난을 다독거려 주고 있다.

4.

2편 '시詩 속에 잠재운 아내와 나의 시골농장'은 계절 따라 변화하는 자연과 농사짓는 모습, 시골농장과 관련된 갖가지 일들을 기록하고 있지만 그 알맹이는 아내에 대한 지극한 사랑을 기록한 시편들이다.

> 시詩 속에 잠재우려하네 /아내와 나의 /시골농장을//
> 저 농막과 과수원과/연못가 나무들과 꽃들이며 /산새들을//
> 그리고 둘러싼 산과 /저 아래 멀찌감치 흘러가는/남한강물도//
> 봄부터 늦가을까지 우리 내외/땀 흘려 밭 갈고 씨 뿌려 가꾸며 나누는 /행복한 이야기들도//
> 미운 반려들도 잠재우려하네/ /힘들게 하고 속 썩이며 겁주는/
> 저 잡초들과 고라니와 멧돼지들도//
> 나이 더 들어 못 오게 될 때 그리워지면/ 시詩 속에서 잠든 시골농장 잠 깨워/
> 새장 속의 새를 보듯 들여다보려네
>
> — 〈시詩 속에 잠재우려하네〉 전문

이 한 편의 시에 문종환 시인이 날마다 시를 즐겨 쓰는 이유가 다 들어있다. 문종환 시인은 아내와 함께하는 시골농장 생활이 너무 행복하다. 그런데 너무 기쁘거나 행복하면 그 순간이 영원하지 않다는 두려움이 그림자처럼 따라붙는다. 그때 시詩 속에 잠재워둔 행복들을 깨워 새장 속의 새를 보듯 들여다보겠다는 것이다. 그러려면 시인의 남다른 눈으로 시골농장의 모든 것과 아내의 모든 모습들을 잘 담아놓아야 한다. 거기에는 농사를 힘들게 하는 잡초들과 고라니와 멧돼지들도 빠질 수 없다. 고라니와 멧돼지들 때문에 농사를 망치기도 하고 이들을 퇴치하려고 갖가지 방법으로 머리싸움을 하는 일까지도 행복한 농장 생활의 한 부분이 될 것이기 때문이다.

> 아내와 둘이서/농막으로 들어와/점심을 들며//
> 며칠 전 심어준 강낭콩과 감자 싹들/줄지어 얼굴 내민 예쁜 모습들 /이야기 나누며//
> 방금 심고 온/땅콩과 여주 아주까리는 언제 싹틀까/이야기도 나누네//
> 꾀꼬리는 며칠 후면 울어줄까/뻐꾸기는 언제쯤 찾아올까도/이야기 나누는 동안//
> 어렵쇼!/꼭두새벽 아내가 준비해온 도시락/
> 이야기가 다 먹어치웠는가 텅 비었네
>
> — 〈도시락〉 전문

〈도시락〉은 아내와 농장생활을 하는 게 얼마나 행복한 일인지 그대로 보여주고 있는 시다. 아내와 둘이 농막에서 도시락을 먹으며 하는 대화들이 이웃집 사람들에 대한 이야기 같다. 싹이 난 강낭콩과 감자, 방금 심어놓은 땅콩과 여주, 아주까리에 대해 이야기 하고 꾀꼬리와 뻐꾸기를 기다리는 이야기에 시간 가는 줄도 모르는 부부의 행복한 모습을 보게 된다. '꼭두새벽 아내가 준비해온 도시락/이야기가 다 먹어치웠는가 텅 비었네'라는 은유적인 표현에서도 아내가 정성껏 준비한 도시락이며 아내의 음식 솜씨가 좋아 도시락을 맛있게 먹었다는 의미가 담겨있어서, 결과적으로는 아내에 대한 자랑으로 시가 흐르는 것을 보면 절로 즐거워진다.

> 처음으로 찾아준 고추풍년//
> 하지만 기쁘기는커녕/고추 말리느라 애쓰는 아내를 보면/꼴도 보기 싫은 고추들//
> 먼동이 터오는 새벽부터 /온 집안 들락날락 오르락내리락 /정신없는 아내//
> 무녀들에게처럼/혹시 고추 신이라도 내렸나/
> 햇볕 내려달라 빌고 또 빌고 있으니
>
> ― 〈기쁘기는커녕〉 일부

이 시에서도 문종환 시인이 무엇을 중하게 여기고 있는지가 여실히 드러난다. 고추를 방치해 두고 집에 갔다가 오니 고추가 멀쩡하게 잘 익었다. 얼마나 기분 좋은 일인가? 아내는 절로 흥얼흥얼 노래한다. 농부가 가장 희열을 느끼는 순간이 농작물이 튼실하게 잘 자라고 여물었을 때이다. 그러나 막상 풍년이 들어 빨갛게 익은 고추를 따는 아내를 보며 기쁘기는커녕 고추가 꼴도 보기 싫다고 한다. 고추를 말리기 위하여 날씨를 봐가면서 힘들게 들락날락 하는 아내가 걱정이 되기 때문이다.

문종환 시인의 농장생활의 중심은 아내와 함께하는 것이며 그 아내가 건강하고 행복해야 한다는 데 있음을 보여준다.

> 창문을 활짝 열어 젖히고/소낙비 마중 하네/소낙비 소리 듣네//
> 늘그막 농사일 하고부터야/저렇게 고마운 소낙비 모습 볼 수 있네/
> 저렇게 고운 소낙비 노래 들을 수 있네
>
> ―〈소낙비〉 전문

> 밭일하다/농막으로 들어와/좀 쉬려 하면//
> 우리 내외 쉬는 게/시샘이라도 나는지/쉴 짬 안주고 불러내는 저 소리들//
> 농막 앞마당에 떨어지는 도토리소리/농막 뒤 도랑가에 떨어지며 /맞장구치는 알밤소리//
> 동심으로 불러주는 소리/두 내외 어린 시절로 돌아가/
> 뛰쳐나오게 불러주는 저소리들
>
> ―〈동심으로 불러주는 소리〉 전문

문종환 시인의 많은 시들은 참으로 맑고 순수한 동심童心이 담겨있다. '저렇게 고마운 소낙비 모습 볼 수 있네/저렇게 고운 소낙비 노래 들을 수 있네'라며 소낙비를 보고 노래하는 소년의 모습을 보게 된다. 소낙비 내려 신이 난 농작물처럼 비를 맞으며 일하는 중에도 '우리 내외 쉬는 게/시샘이라도 나는지/쉴 짬 안주고 불러내는 저 소리들'이라고 노래한 것처럼 아내와의 관계를 설정하는 걸 잊지 않는다. 소낙비가 시샘할 정도로 정답게 쉬다가 반가운 소낙비에 뛰쳐나가는 모습이 그림처럼 선명하다.

> 아내가 타자마자/나를 거부하고 /닫쳐버린 전철 문//
> 먼저 가 기다리라 소리치고/15분 후 다음 전철 타고 가는데/느닷없이 나타난 아내//
> 웬일이냐 물었더니/다음 역에서 내려 기다렸다가/이 차를 탔다고//
> 이런! 세상에!/45분 거리 농장까지의 작별이/
> 그리도 아쉬웠단 말인가
>
> ― 〈45분 작별도 아쉬웠던가〉 전문

이 시에 그려진 아내의 모습은 시인의 행복 그 자체이다. 두 분이 서로 얼마나 신뢰하고 사랑하는지 눈에 선하다. 농막일을 끝내고 집으로 가는 전철을 타려는데 문이 닫혀 아내와 헤어지게 된다. 문종환 시인은 종착역을 생각하고 먼저 가 기다리라고 소리친다. 그런데 15분 후 탄 전철 다음 역에서 느닷없이 아내가 보인다. '느닷없이'라는 낱말 속에 담겨있는 반가움과 행복이 파도처럼 밀려오는 장면이 보이는 듯하다.

> 하얗게 씻어 물기 말린 은행들/손수레가방에 가득 실려/서울 집으로 떠나네//
> 잘들 있거라 하직 인사 나누네/농막과 농장과 둘러싼 산 둘러보며/
> 내년 봄에나 다시 보자 소리쳐주네//
> 은행나무에게도 말해주네/올해에도 마지막 장식을 해줘서 고맙고/
> 덕분에 내 제3시집도 오늘로 마감된다고

— 〈잘들 있거라 내년에 또 만나자〉 전문

겨울동안은 농장도 휴식이다. 봄, 여름, 가을로 구분하여 쓴 그의 시도 함께 휴식에 들어간다. 농장과 농막에서의 생활을 시詩로 담는 일에 몰두한 문종환 시인은 제 3시집을 낼 계획에 들떠있다. '시詩 속에 잠재운 아내와 나의 시골농장'은 문종환 시인이 시를 쓰기 위하여 농장 생활을 한 것이 아니라 농장생활에서 얻은 순수한 수확물이다. 시가 억지로 만들어진 것이 하나도 없다는 말이다. 아내와 함께 식물과 짐승과 새에게 말을 걸며 자연스럽게 경험한 신비함과 놀라움과 기쁨과 감사를 그대로 시 형태로 옮긴 것이다.

5.

시를 쓰는 시인으로서 세계와 우주와 삶과 죽음과 종교와 철학 등 어찌 다루고 싶은 제재들이 없겠는가. 하지만 문종환 시인은 시의 소재에도 욕심을 부리지 않는다. 제 3집에 실린 334편의 방대한 시들은 '어머니와 아내와 농장'을 벗어나지 않았다. 하지만 문종환 시인은, 그의 시를 통해 하늘로 여긴 어머니와 영원히 깨지 않으면 좋을 아내와 함께 하는 농장 생활만으로 하늘의 이치를 깨닫고 사람이 살아가는 근본 도리를 깨닫고 진정한 행복이 무엇인지를 깨닫고 있음을 보여주고 있다. 이 한 권의 시집에는 일본의 압제에 시달려야했던 우리의 아픈 역사가 들어있고, 6·25전쟁이라는 뼈아픈 비극의 실상이 담겨